Siméon Kubulana Matendo

Lire la Genèse aujourd'hui Tome II

Siméon Kubulana Matendo

Lire la Genèse aujourd'hui Tome II
Commentaire des chapitres 29 à 50

Éditions Croix du Salut

Impressum / Mentions légales
Bibliografische Information der Deutschen Nationalbibliothek: Die Deutsche Nationalbibliothek verzeichnet diese Publikation in der Deutschen Nationalbibliografie; detaillierte bibliografische Daten sind im Internet über http://dnb.d-nb.de abrufbar.
Alle in diesem Buch genannten Marken und Produktnamen unterliegen warenzeichen-, marken- oder patentrechtlichem Schutz bzw. sind Warenzeichen oder eingetragene Warenzeichen der jeweiligen Inhaber. Die Wiedergabe von Marken, Produktnamen, Gebrauchsnamen, Handelsnamen, Warenbezeichnungen u.s.w. in diesem Werk berechtigt auch ohne besondere Kennzeichnung nicht zu der Annahme, dass solche Namen im Sinne der Warenzeichen- und Markenschutzgesetzgebung als frei zu betrachten wären und daher von jedermann benutzt werden dürften.

Information bibliographique publiée par la Deutsche Nationalbibliothek: La Deutsche Nationalbibliothek inscrit cette publication à la Deutsche Nationalbibliografie; des données bibliographiques détaillées sont disponibles sur internet à l'adresse http://dnb.d-nb.de.
Toutes marques et noms de produits mentionnés dans ce livre demeurent sous la protection des marques, des marques déposées et des brevets, et sont des marques ou des marques déposées de leurs détenteurs respectifs. L'utilisation des marques, noms de produits, noms communs, noms commerciaux, descriptions de produits, etc, même sans qu'ils soient mentionnés de façon particulière dans ce livre ne signifie en aucune façon que ces noms peuvent être utilisés sans restriction à l'égard de la législation pour la protection des marques et des marques déposées et pourraient donc être utilisés par quiconque.

Coverbild / Photo de couverture: www.ingimage.com

Verlag / Editeur:
Éditions Croix du Salut
ist ein Imprint der / est une marque déposée de
AV Akademikerverlag GmbH & Co. KG
Heinrich-Böcking-Str. 6-8, 66121 Saarbrücken, Deutschland / Allemagne
Email: info@editions-croix.com

Herstellung: siehe letzte Seite /
Impression: voir la dernière page
ISBN: 978-3-8416-9827-8

Copyright / Droit d'auteur © 2012 AV Akademikerverlag GmbH & Co. KG
Alle Rechte vorbehalten. / Tous droits réservés. Saarbrücken 2012

Siméon KUBULANA MATENDO

LIRE LA GENESE AUJOURD'HUI
Tome II
(Chapitres 29-50)

PUBLICATIONS DU CENTRE UNIVERSITAIRES PROTESTANT D'ETUDES INTERCULTURELLES - CUPEI

Préface de Sylvain KALAMBA NSAPO
Postface de Samuel VERHAEGHE

PREFACE

L'homme s'est toujours intéressé à la question des origines. *Quid, in principio*? Il lui est arrivé d'y répondre en attestant qu'il existe un Dieu unique infiniment saint, infiniment juste, infiniment bon, non réductible aux représentations humaines. Un Dieu qui a toujours été... et qui est sans fin. Il est l'Auteur de l'œuvre faramineuse de toute la création. L'Univers entier est venu à l'existence sur sa main. Seigneur des couronnes! Saint est son nom!

La Genèse est un livre fondateur qu'il convient de situer dans cette perspective. Il y est question de l'histoire du salut dont l'acte de création demeure inaugural: «*Au commencement, Dieu créa les cieux et la terre... il créa les animaux des champs, les oiseaux du ciel, les poissons de la mer, l'ensemble du système solaire... il créa l'homme et la femme à son image et selon sa ressemblance* » (Gn1-2).

Le monde créé est réputé capable de louer le Dieu Créateur (« *Les cieux chantent la gloire de Dieu...* » Ps 18,2). Il sait le faire tout seul, sans nul besoin de l'homme : « Les choses sont heureuses, conviées dans l'œuf du monde. Elles sont heureuses d'elles-mêmes, non par notre désir de les trouver heureuses ».
L'homme est créé pour louer Dieu. Dieu se réjouit devant l'homme né de sa Parole : « Voilà, c'était très bon ». Et il le bénit.
Ces considérations sont dignes d'intérêt si l'on veut saisir l'enjeu de l'ouvrage du Dr. Siméon Kubulana Matendo. Au travers d'un exercice de narration qui veut rendre compte de ce que les textes bibliques disent en eux-mêmes, indépendamment d'un certain Sitz Im leben, le pasteur Siméon se livre à un commentaire autorisé de la Genèse de manière à engager le lecteur dans le monde du récit et son système des valeurs.

A cet égard, il montre, par ailleurs, à quel point la Genèse raconte aussi la gestion de la création par l'homme. Dieu a tout créé pour que l'homme soit heureux. En dépit des actes de désobéissance et de rébellion, d'une volonté de se hisser au niveau du Créateur de tout bien, Dieu ne cesse de multiplier les alliances en vue de renouer avec un peuple à la nuque rude.

Ce qui pousse à dire que l'homme est faillible et ne peut avoir l'ambition d'égaler son Créateur quelles que soient ses prouesses. Sa production demeure provisoire, intérimaire et contingente. Ce point est capital. C'est à l'honneur du Pasteur Siméon Kubulana d'avoir mis en lumière les récits de la Genèse qui s'y rapportent. Ce qu'un regard rapide et superficiel ne peut percevoir. La théologie chrétienne nous a habitués, heureusement, à le comprendre au moyen d'une articulation de la distance entre les réalisations humaines et le Royaume.

En effet, les Eglises historiques manquent de pertinence si elles n'indiquent pas du doigt - sacramentellement donc - l'Auteur de toute la création manifesté en visibilité historique en son Fils. Elles loupent l'essentiel si elles ne tendent pas vers leur terme eschatologique. L'annonciateur du Message ne peut prétendre à l'exhaustivité au sujet de la Promesse et de la Révélation. Il lui revient de penser théologiquement l'écart entre l'action humaine d'annonce et de témoignage et le Règne. Car pour le Seigneur, un seul jour est comme mille ans et mille ans comme un jour " (2 Pi 3,8). La venue du Règne dépend de la patience de Dieu qui est la forme de son action.

C'est un bonheur immense de lire l'ouvrage d'un bibliste qui sollicite une interpellation théologique dont la portée est réelle. Qu'il en soit de même si le moraliste ou le liturgiste se saisit de la publication du Pasteur Kubulana. C'est un vœu et une prière.

Ce livre n'en demeure pas moins un lieu de méditation sur la volonté du Créateur de voir les hommes et les femmes créés à son image vivre en frères et sœurs. Le lecteur pourrait passer d'émerveillement en émerveillement en tentant de comprendre le commentaire sur l'histoire de Joseph et de ses frères. Mais il ne s'agit pas de lire ce récit (ou bien d'autres) comme une pure histoire. Il importe de l'interpréter comme un récit kérygmatique, une confession de foi. Ce à quoi le Dr. Kubulana est particulièrement sensible.

L'une des richesses immenses, insondables même, des commentaires bibliques du Dr. Siméon Kubulana, c'est d'amener à s'engager dans la logique du récit biblique pour savoir ce qu'il en est de l'histoire de la création et du salut. Il faut s'approprier progressivement, dans la crainte et le tremblement, ce que la Bible raconte au sujet de l'homme, de Dieu et du cosmos.
Il nous appartient d'y donner vie dans tout acte de lecture. En cela, le livre du Pasteur Kubulana est exemplaire. Aussi, offre-t-il l'occasion de prendre des distances par rapport à une approche de théologie métaphysique de Dieu et de la création dont l'effort historique ne saurait mettre dans l'ombre quelques égarements.

Dr. Kalamba Nsapo
CUPEI
Académie de la Pensée Africaine

AVANT-PROPOS

En septembre 2003 lorsque j'eus l'idée d'entreprendre une étude commentée du livre de la Genèse, je ne pouvais pas imaginer à quoi conduirait une telle entreprise sinon qu'à faire une relecture de ce livre que je n'avais jamais eu l'occasion d'approfondir jusque-là. Mais au fur et à mesure que je me mettais à travailler sur ce riche texte, je suis passé des doutes et hésitations à plus d'assurance. En même temps, chaque jour qui passait m'amenait à des découvertes très intéressantes. D'abord, parce que le livre de la Genèse a été commenté à la fois par d'éminents chercheurs, mais aussi par des modestes prédicateurs ou simples chrétiens, et même par des scientifiques de tous horizons.

Ensuite, parce que je pensais que ma contribution risquait de ne pas ajouter grand-chose au domaine du savoir. Cette appréhension m'a amené à rester humble, à reconnaître mes limites vis-à-vis d'une telle tâche. Toutefois, j'ai repris courage grâce aux contributions des étudiants en théologie, ceux qui ont suivi mes cours d'exégèse, d'Hébreu et de théologie biblique. Il s'agit spécialement de ceux de l'Université Protestante au Congo (1985-1990 / 1998-2002), de l'Université Chrétienne de Kinshasa (1998-2002), de l'Université Libre des Pays des Grands Lacs à Goma (Décembre 2004-Janvier 2005), de l'Institut Biblique et Théologie de Bochum (Allemagne, 2005 -), de l'Institut Biblique et Théologique de Dublin (Irlande, 2009-), ainsi que ceux du Centre Universitaire Protestant d'Etudes Interculturelles (Faculté de Théologie et Institut Pastoral en particulier, 2009-). Leurs contributions à travers les échanges et commentaires m'ont été d'un grand secours, et je les en remercie de tout cœur.

D'autre part, les nombreuses lectures de livres sur la Genèse, les prédications suivies ça et là m'ont aidé à rectifier le tir. J'ai reçu de nombreux encouragements des fidèles de l'Eglise Protestante Baptiste La Fraternité, et je leur suis reconnaissant. En effet, en tant que Pasteur de ladite église, j'ai eu l'occasion de prêcher à maintes reprises sur des récits de la Genèse; j'ai aussi organisé des études bibliques au cours desquelles tous pouvaient s'exprimer sur telle interprétation d'un texte donné, ou sur telle autre possibilité de le comprendre.

Cette étude ne serait jamais arrivée à terme sans la grâce et la fidélité de Dieu. Durant toutes ces années passées, j'ai appris à compter sur lui à tout instant. J'apprécie à sa juste valeur la contribution de nombreuses personnes qui m'ont soutenu d'une manière ou d'une autre. Je pense en particulier à mes collègues Samuel Ngayihembako, Lemek Kabutu Biriage, Josef Nsumbu, Jonas Bena, Paul Dibudi Way-Way, et Sylvain Kalamba. Les uns et les autres m'ont conseillé ou lu mon manuscrit en y apportant des corrections qui m'ont été d'un grand secours.

Mes remerciements s'adressent également à ma chère épouse Déborah Kusa Ibangu pour ses encouragements tout au long de la rédaction de ce livre. Je pense également aux Pasteurs Kany wa Kany et Bruno Bareba pour m'avoir donné l'occasion de dispenser des cours de théologie à Bochum et à Dublin. A la Sœur Ursula Rothenmund, à toutes les Sœurs de la Diakonieverband / Ländli et au Professeur Paul Stadler, j'exprime toute ma reconnaissance pour leur sollicitude et leur amitié. La liste n'est pas exhaustive.

La présente étude ne prétend pas répondre à toutes les questions suscitées par le livre de Genèse, le plus important étant d'avoir osé commenter ce texte si excitant.

Dr. Siméon Kubulana Matendo

Table des Matières

Postface de Samuel VERHAEGHE 1
PREFACE 2
AVANT-PROPOS 4
HISTOIRE DE JACOB 9
    NOUVELLE ORIENTATION DE JACOB 9
        29.1. Jacob, Rachel et les bergers 9
        29.2. Jacob chez Laban 9
        29.3. Le trompeur trompé 10
        29.4. Les sœurs rivales 11
    JACOB CONFRONTÉ À LA RÉALITÉ DE LA BIGAMIE 12
        30.1. Une jalousie mal placée 12
        30.2. Le conflit s'intensifie 14
        30.3. Jacob et son oncle Laban : Négociations utiles (?) 14
    LA SÉPARATION COMME MOYEN DE SORTIE DE CRISE 15
        31.1. Méfiance de Laban vis-à-vis de Jacob 15
        31.2. Préparatifs pour le grand départ 16
        31.3. Laban pourchasse Jacob 17
        31.4. Conclusion d'une nouvelle alliance entre Jacob et Laban ... 19
    VERS UNE RÉCONCILIATION AVEC ESAÜ 20
        32.1. A Mahanaïm 21
        32.2. Faire confiance en Dieu 21
        32.3. Retour à l'Alliance de Dieu : La lutte avec l'ange 23
        32.4. Jacob devient Israël 24
        Commentaire du narrateur 25
    QUAND LES FRÈRES ENNEMIS SE RETROUVENT 25
        33.1. Le courage d'être 25
        33.2. L'heure est à la réconciliation 26
        33.3. La vie des tentes (soukkôth) 27
    EXPEDITION PUNITIVE 28
        34.1. Dina violée 28
        34.2. La ruse des fils de Jacob (Israël) 29
        34.3. Quand Siméon et Lévi exercent la vengeance 30
    JACOB ET LES SIENS SUIVRE DIEU 31
        35.1. Béthel, la Maison de Dieu 32
        35.2. Renouvellement de l'Alliance 33
        35.3. Naissance de Benjamin et mort de Rachel 35
    GÉNÉALOGIE D'ESAÜ 36
HISTOIRE DE JOSEPH LE VISIONNAIRE 38
    JACOB ET SES FILS 38
        37.1. Amour-haine des frères de Joseph 39
        37.2. Les songes de Joseph mis en exergue 39
        37.3. La haine qui produit la mort 41
        37.4. Joseph vendu aux marchands arabes 43
    LA CULPABILITE DE JUDA 44

38.1. Juda chez les Cananéens 44
38.2. La ruse de Tamar 45
38.3. Épilogue (v.24-30) 46
JOSEPH CHEZ PUTIPHAR 47
39.1. Joseph, Intendant de Putiphar 48
39.2. La femme de Putiphar tente Joseph 48
39.3. Quand la prison se transforme en lieu de bénédiction 50
LA PRISON AUTREMENT 50
40.1. Rencontre avec deux hauts fonctionnaires de Pharaon 51
40.2. L'interprète des rêves et des songes 51
40.3. Le troisième jour 52
DIEU ACCOMPLIT SON DESSEIN POUR JOSEPH 53
41.1. Le double songe de Pharaon 53
41.2. Joseph, Conseiller du roi d'Egypte 54
41.3. Un nouveau nom 56
41.4. Joseph le prévisionniste 56
41.5. La famille de Joseph 56
L'IRONIE DE L'HISTOIRE 57
42.1. Les frères de Joseph découvrent l'Egypte 58
42.2. Vengeance (?) de Joseph 58
42.3. Aveu de culpabilité (v.21-22) 59
42.4. Une épreuve de trop ! 60
42.5. Pas Benjamin ! 60
RETOUR DES FRERES EN EGYPTE 61
43.1. Plaidoyer pour amener Benjamin en Egypte 61
43.2. Joseph accueille ses frères mais ne se dévoile pas 62
NOUVELLE MISE À L'ÉPREUVE 63
44.1. La réplique des frères 64
44.2. Interposition de Juda 65
L'HOMME EN QUESTION SE NOMMAIT JOSEPH 66
45.1. Joseph se dévoile enfin : « Je suis Joseph ! » 66
45.2. La pointe théologique du récit 67
JACOB ET SA DESCENDANCE VONT EN ÉGYPTE 67
46.1. Un autel pour les sacrifices 67
46.2. Joseph retrouve son papa chéri 68
LA FAVEUR DE PHARAON 69
47.1. La famine en Egypte 70
47.2. Les dividendes de la famille de Jacob : Tous autour de Joseph 70
FAIRE REVENIR JOSEPH DANS L'ALLIANCE DIVINE 72
48.1. Au soir de sa vie, Jacob bénit ses petits-fils 72
48.2. Une bénédiction inversée 73
JACOB BÉNIT SES FILS 74
49.1. Les aînés 74
49.2. Joseph et Benjamin 78
49.3. Mort de Jacob : Deuil et ensevelissement (49,29 – 50, 14) 79
LA FRATERNITÉ RECONSTITUÉE 80

    50.1. Retour en Canaan..80
    50.2. Joseph rassure ses frères...82
    50.3. Derniers événements...84
Conclusion...85
BIBLIOGRAPHIE..87
POSTFACE..90

SECTION VII

HISTOIRE DE JACOB
Chap. 29-36/37

Ici commence l'histoire des pérégrinations de Jacob après sa fuite vers Padan Aram d'où il va vivre d'autres aventures. Mais avant d'atteindre le lieu de sa destination, il est réconforté par la vision de l'échelle dont le sommet touche le ciel (ch. 28).

Chapitre 29

NOUVELLE ORIENTATION DE JACOB

29.1. Jacob, Rachel et les bergers

Grâce à l'assurance obtenue par la présence de Dieu, Jacob peut continuer sa route en toute confiance, en direction de la région de Qédèm au nord-est d'Israël. Là, il va faire une nouvelle expérience, près d'un puits. Dieu va guider sa démarche. L'orifice du puits est fermé par une grosse pierre, ce qui ne lui donne pas accès direct à l'eau. Mais il fait bien de s'adresser aux bergers qu'il appelle ses frères (v.4). Jacob a besoin d'une bonne orientation pour parvenir chez Laban.

Cette manière de désigner des inconnus fera que ceux-ci lui ouvrent leur cœur afin de l'orienter: "*Nous sommes de Hâran*". Jacob a déjà compris qu'il est sur la bonne voie car bientôt il pourra rencontrer son oncle, et la femme à épouser. Il pose une série de questions au sujet de Laban. Les bergers sont bien de cette contrée car ils donnent toutes les informations utiles à Jacob afin d'orienter ses recherches. Quand Dieu fait réussir le voyage de son serviteur, il pourvoit à tout ce qui pourrait faire l'objet de ses préoccupations. Ainsi, la présence des bergers près du puits ainsi que la venue de Rachel ne sont pas le fait du hasard. Une véritable hospitalité se manifeste entre Jacob et les bergers. C'est comme si cette rencontre était en soi une préparation de Jacob à la charge de pâtre, à ce qu'il deviendra bientôt. On le voit par le souci qui anime Jacob. Il tient à rendre service à ses interlocuteurs, au point de leur proposer d'abreuver les brebis et de les mener paître.

Mais il s'agit d'hommes expérimentés. Ils vont procéder de la bonne manière, selon la coutume du milieu (v.7-8). Jacob devra apprendre avec patience ; il n'a pas de leçon à donner à des spécialistes en la matière.

29.2. Jacob chez Laban

La rencontre avec Rachel est très émouvante. Tous deux ne se connaissent pas ; ils ne s'étaient jamais rencontrés auparavant. Toutefois, Jacob n'attend pas pour rendre service. Ce geste, Rachel ne l'oubliera jamais de son vivant : Jacob a roulé la grosse pierre de devant le puits, et il a abreuvé le troupeau de Laban, son oncle. Ceci est un bon départ pour l'avenir de son projet de mariage. Ce n'est qu'après qu'il fait des câlins à Rachel, avec beaucoup d'émotion. A la vue de la fille de son oncle, plusieurs idées se bousculent dans la tête de Jacob, et il l'exprime par des sanglots (v.11). Il a probablement pensé à tous les événements qui sont survenus avant de quitter ses parents. Aussi, il finit par se présenter. Sa manière de se comporter vis-à-vis de Rachel, et bientôt vis-à-vis de Laban, rappelle la rencontre entre le serviteur d'Abraham et Rebecca, sa mère (cf. ch. 24). Comme cela fut le cas de Rebecca, Rachel s'empresse d'annoncer la bonne nouvelle de sa rencontre avec le parent de son père (v.12, cf. 24,28). Rebecca s'était alors adressée à sa mère ; Rachel à son père.

D'autre part, l'empressement de Laban traduit la grande liesse qu'il éprouve en entendant parler de son neveu (v.13). Sans doute, ils ne s'étaient jamais rencontrés auparavant. Laban avait besoin de nouvelles au sujet de sa sœur Rebecca. Il serre son neveu dans ses bras comme pour lui souhaiter une cordiale bienvenue. Lorsqu'il reçoit toutes les informations utiles sur ce qu'est devenue sa sœur, il s'écrie : « *Assurément, tu es de mes os et de ma chair* » (v.14)[1]. Laban ne veut pas faire travailler son neveu bénévolement. Il connaît bien la loi ; il ne veut pas prendre le risque de faire travailler quelqu'un sans lui payer son salaire. Mais ce n'est pas à lui de fixer le salaire ; c'est à l'employé de le faire. Si les employeurs d'aujourd'hui pouvaient être humains vis-à-vis de leurs employés, les choses iraient mieux dans notre monde. Quelle place accorde-t-on à l'employé ? Malheur à celui qui fait travailler son prochain sans lui payer son dû ! (cf. Lv 19,13 ; Dt 24,15).
La réponse de Jacob (v.16) semble avoir été mûrie, car cela faisait des jours qu'il avait résolu dans son cœur d'épouser Rachel, la fille qui a touché son cœur à la première vue, près du puits. Seulement, Jacob ne demande pas la volonté de Dieu ; il se fie aux apparences. Il a pris le temps qu'il fallait pour apprécier la beauté de Rachel. Véritable « coup de foudre », dira-t-on. Ce n'est pas en vain que le narrateur décrit les deux filles de Laban (v.17). On comprend que Jacob a choisi la beauté ; voilà pourquoi, contre toute attente, il ne propose pas de prendre pas l'aînée avant la cadette. Mais il est aussi question de la dot dans ce récit. Jacob n'ignore pas cette réalité : on ne prend pas la fille d'autrui pour en faire sa femme sans poser un geste de reconnaissance envers ses parents. En fait, la dot n'est pas une corvée ; c'est simplement un cadeau à faire à ceux qui ont élevé leur enfant.

29.3. Le trompeur trompé

Le délai de sept années est vite passé (v.20), car Jacob aimait Rachel de tout son cœur. Laban tenait pourtant à donner sa fille à son proche parent plutôt qu'à un autre

---

[1] Cette expression fait penser au récit de la création où l'homme désigne ainsi sa femme (2,23a): « *Os de mes os, et chair de ma chair* » (עֶצֶם מֵעֲצָמַי וּבָשָׂר מִבְּשָׂרִי, *'èttsèm mé'atsamay oub^{h}asar mib^{h}sarî*). Laban exprime par là que Jacob est bien de sa parenté.

(v.19)[2]. Ce n'est donc qu'au terme de sept années que Laban donne effectivement sa fille à Jacob, mais laquelle ? Une véritable leçon de persévérance et de patience. Et comme le voulait la coutume, l'événement méritait un festin (v.22-23). Le jeu est joué ! Léa remplace Rachel (v.23ss), ce qui constitue une humiliation pour Jacob. Il a travaillé toutes ces années pour ne pas gagner ce qu'il voulait : Jacob travaille pour autre chose, il doit patienter car on lui accorde quand même la possibilité de travailler sept autres années s'il tient à avoir Rachel.

Même choqué d'avoir été trompé, Jacob devra accepter l'évidence. Il est pratiquement poussé à la bigamie. Et Laban lui fait comprendre les habitudes du lieu. On ne donne pas la cadette en mariage avant l'aînée, c'est clair (v.26). Généralement, les gens travaillent pour un intérêt, et dès que l'intérêt disparaît, on est vite découragé. Mais Jacob devra aller de l'avant. Il va bientôt passer de l'ignorance à la connaissance. L'expérience va forger son caractère. Si seulement les humains pouvaient bien devenir humbles, ils comprendraient qu'il est toujours dangereux d'imposer son point de vue dans un milieu qu'on ne connaît pas !

Tout au début, Jacob murmure car il n'a pas encore compris qu'il a intérêt de s'impliquer dans une coutume qu'il a semblé ignorer. C'est ce qu'on appelle la longanimité, un des fruits de l'Esprit Saint (cf. Ga 5,22).

Finalement, ayant compris la leçon grâce à Laban, Jacob ne se relâche pas. Et puisque son amour pour Rachel est resté intact, il s'incline et consent à travailler pour sept autres années, faisant ainsi preuve d'une bravoure exceptionnelle. Il cesse de blâmer son oncle, et avec humilité, il accepte la nouvelle proposition. De toute manière, il sait que ces années passeront aussi vite que les premières. Ce n'est qu'au bout de ces sept autres années qu'il obtient ce qu'il avait toujours espéré (v.28). Mais comment a-t-il vécu ces dernières années avec une femme (Léa) qui lui avait été imposée et qu'il n'aimait pas ? Sans doute avec l'espoir de voir bientôt les choses évoluer.

29.4. Les sœurs rivales

La présence effective de Rachel au sein du foyer de Jacob vient bouleverser les choses. La préférence de Jacob (v.29-30) - Il aime Rachel plus que Léa – va provoquer des troubles. Mais Dieu reste le Souverain Juge dans cette affaire ; il amène la confusion pour que Jacob apprenne à se confier davantage. Il sera amené à se rendre à l'évidence que tant qu'on n'a pas fait la volonté de Dieu, la vie est un échec, et les projets ne réussissent pas. Jusque-là, Jacob est un homme de chair (בשר). Il doit accepter de se laisser façonner par Dieu. Sa préférence pour Rachel contre Léa va être sanctionnée par le Seigneur Dieu: « *Quand le Seigneur vit que Léa n'était pas aimée, il la rendit féconde alors que Rachel restait stérile* » (v.31, TOB). La Bible du Semeur traduit par : « *Et l'Eternel Dieu vit que Léa était haïe et il ouvrit sa matrice ; mais Rachel était stérile* ». Le sens reste celui de la décision suprême de Dieu.

---

[2] Plus tard, la loi mosaïque instaurera le droit de rachat par un proche parent, appelé le *Go'él* (גואל), cf. le cas de Ruth et Boaz (Ruth 2-4).

Ce qui va arriver constituera pour Jacob une grande leçon pour l'amener à plus d'humilité, pour le conduire à rechercher la face de Dieu dans tout ce qu'il aura à entreprendre. Dieu rend Léa fertile, et à chaque fois qu'elle enfante, elle se souvient de sa situation de mal-aimée et donne à l'enfant un nom qui répond à son état d'esprit. Ainsi, suivant l'ordre de naissance, les enfants de Léa portent des noms glorieux :

- Ruben (רְאוּבֵן, R^e'oub^hén), du verbe ראה = voir + בְעָנְיִי = mon humiliation (voir suffixe 1ère pers. sg.). Ce nom est la réponse de Dieu face à l'affliction de Léa (v.32)
- Siméon (שִׁמְעוֹן, Shim'ôn), de la racine שמע = entendre → « Dieu a entendu mes plaintes parce que j'étais haïe », v. 33.
- Lévi (לֵוִי, Léwî), de לוא = s'attacher, d'où לב = cœur : « Attachement à moi ». Léa espère que Jacob s'attachera désormais à elle pour l'aimer de tout son cœur.
- Juda (יְהוּדָה, Y^ehoudah), de תודא = rendre grâce, louer, d'où « louange ». Léa promet de louer Dieu car c'est de lui qu'elle reçoit les dons d'enfants.

Le chapitre 29 se termine par « Et elle (Léa) cessa d'enfanter. Cette finale ouvre en perspective une autre unité qui débute avec la description de la jalousie de Rachel.

Chapitre 30

JACOB CONFRONTÉ À LA RÉALITÉ DE LA BIGAMIE

Le choix de Jacob n'est pas celui de Dieu. Il a choisi la beauté extérieure, mais Dieu seul sonde les cœurs. Voilà pourquoi il rend Léa féconde et Rachel stérile. La mal-aimée conçoit tandis que la bien-aimée ne donne pas naissance. Or, dans la société israélite, une femme qui n'enfante pas était considérée comme une destructrice de la famille. Rachel commence à comprendre que, malgré le traitement de faveur dont elle bénéficie de la part de Jacob, Dieu seul a le dernier mot. Mais puisqu'elle ne peut pas l'atteindre, c'est Jacob qui devra « lui donner des enfants » (v.1).

30.1. Une jalousie mal placée

Ce chapitre décrit la situation de confusion dans laquelle se trouvent les membres de la famille de Jacob. Rachel jalouse sa sœur ; elle ne peut se contenter des enfants de cette dernière car chacune d'elles a son nom, chacune cherche son honneur. Voilà pourquoi Rachel en veut à tout le monde, surtout à Jacob qui, selon elle, est à la base de sa stérilité : « *Donne-moi des enfants ou je meurs* », v. 1b. « Au sens premier, cette parole est expression de profonde humanité, à laquelle la Bible nous a accoutumés mais que Rachel porte à un véritable sommet ... d'où la colère de Jacob. Ou bien : Jacob priait pour Rachel, mais elle vint lui reprocher de n'être pas exaucé ! Jacob répond avec humeur que c'est d'elle que vient la stérilité ... Rachel n'a pas compris que sa stérilité physique n'en faisait pas plus un corps mort que Jacob ne l'eut été, lui le juste, s'il n'avait pas eu d'enfants. Pour une femme, avoir des enfants est un « but secondaire » »[3].

Rachel est troublée; elle ne sait même pas adresser une prière à Dieu. Sa jalousie semble avoir été provoquée par les différents noms que sa sœur donnait à ses enfants, des noms qui constituent des mortifications vis-à-vis de sa cadette devenue sa rivale. A titre d'exemple, le nom de Juda donné au quatrième fils détermine la louange, une expression de joie parfaite, comme pour dire : « *Dieu me donne des enfants, je vais le louer. Malheur à qui n'enfante pas* » !

Tout ceci constitue dès le départ une mise en garde contre la polygamie qui, au lieu d'être une solution, devient une source de conflits de tous genres : « La polygamie, dit Ch. Rochedieu, c'est la négation de la véritable union conjugale intime, c'est la zizanie, la jalousie, les perpétuelles discussions, c'est la vie de famille empoisonnée, c'est l'enfer au foyer… »[4].

La réaction de Jacob n'est pas démesurée. En fait, il ne comprend pas que Rachel lui en veuille, sachant que tout vient de Dieu. Quels qu'eussent été ses efforts, il ne lui appartient pas de rendre quelqu'un fécond ou stérile. Tout cela relève de Dieu : «*Suis-je à la place de Dieu qui t'empêche d'enfanter* » ? (v.2b). Mais malgré cette réponse qui, normalement devait orienter Rachel pour qu'elle s'adresse enfin à Dieu, elle a elle-même la solution : Elle donne sa servante Bilha à Jacob de manière que par elle, Dieu lui donne une descendance. Or, comme on le voit dans l'histoire de Sara et Agar, ce sera encore là une autre source de conflits. Rachel n'a encore rien compris. Au lieu de s'adresser directement à Dieu pour une solution efficace de son cas, elle se débrouille seule. Elle impute indirectement la faute à celui qui l'a rendue stérile, sans le nommer. La solution trouvée va la satisfaire, mais c'est encore de manière provisoire (v.3-5). Elle se console de la naissance d'un enfant par Bilha au point qu'elle s'empresse de lui donner un nom qui traduit la justice de Dieu, Dan[5]. Rachel tient à réussir sa vie par ses propres efforts ; elle ne fait pas recours à Dieu. Son imagination est son intelligence lui sont d'un grand secours. Ce qu'elle a résolu dans son cœur, son mari devra l'exécuter sans délai afin d'ôter son opprobre. Voilà pourquoi sa servante devra avoir un autre enfant qu'elle appellera du nom de Nephtali [6].

---

[3] A. LACOCQUE, in : *JACOB : Commentaire à plusieurs voix de Gen.25-36, op.cit*, p.123.
[4] CH. ROCHEDIEU, *op. cit.*, p. 71.
[5] דִּין = Rendre justice, justifier ; d'où דָּן = Juge, comme pour dire « *Dieu est Juge entre ma sœur (ma rivale) et moi.*
[6] Dans ce verset 8, le jeu de mots נַפְתּוּלֵי נַפְתַּלְתִּי נַפְתָּלִי, *naphtoulay niphtaltî naphtalî* (verbe avec suffixe 1ère pers. sing.) traduit le nom donné au second fils de Bilha : Nephtali, pour parler de la lutte sans merci engagée par les deux épouses de Jacob. = ma lutte.

30.2. Le conflit s'intensifie

Dieu s'est souvenu de Rachel et avait résolu de la combler. Il lui a simplement fait grâce car son comportement ne méritait qu'un châtiment. A ce moment, Rachel doit avoir atteint un âge que ne lui permettrait pas d'avoir beaucoup d'enfant comme sa sœur aînée. Le nom qu'elle donne à son 1er fils traduit une certaine reconnaissance envers Dieu : יסף = Ajouter

Rachel se réjouit de ce que désormais, le monde autour d'elle ne va plus la mortifier. En même temps, elle fait une demande expresse d'avoir encore plus d'enfants, ce qui traduit le nom de l'enfant Joseph (v 23-24). Elle a su mettre son chagrin aux oubliettes pour pouvoir remercier son Dieu. Sa nouvelle demande se comprend mieux encore lorsqu'on se met à sa place, car le temps passe, et l'âge avance.

30.3. Jacob et son oncle Laban : Négociations utiles (?)

Le narrateur introduit un autre épisode relatif au conflit entre Jacob et son beau-père Laban. Le temps est passé et Jacob a reçu ce qu'il était allé chercher à Padan Aram. Etant comblé il peut retourner vers ses parents. Sa demande traduit juste son empressement de vite se libérer du joug de son oncle devenu son beau-père par la force des choses (v 25-26).

Jacob a dû travailler pour le compte de son oncle plusieurs années. Maintenant, il réclame ses femmes et ses enfants comme si Laban les gardait chez lui.

La réponse de Laban est sans équivoque. Il pense à toutes les bénédictions reçues grâce à la présence de Jacob, et ne veut pas se risquer de les perdre. La présence d'un serviteur de Dieu apporte des bénédictions à ceux qui le reçoivent (cf. Jn 13,20). Laban confesse devant son neveu que sa présence n'aura pas été vaine (cf. v 27). Il ne veut pas se séparer de lui de peur de perdre tous ses avantages. Il procède pratiquement de la même manière qu'auparavant : « *Fixe-moi ton salaire et je te le payerai* ». Mais Jacob lui rappelle qu'il l'avait déjà servi au point que même son troupeau s'est agrandi. Jacob amène son oncle à reconnaître tous les bienfaits de YHWH à son égard. Dieu bénit ceux qui reçoivent ses serviteurs et qui reconnaissent sa souveraineté (cf v.30). S'agissant du salaire, Jacob demande quelque chose qui, de premier abord, ne semble pas compliqué, même pour Laban. Il consent de travailler encore quelques années et qu'il se paye lui-même. Ici apparaît encore le rôle de berger.

Jacob a longtemps ouvré, et il avait compris probablement que les bêtes tachetées se reproduisaient plus vite que les autres bêtes. Aussi, propose-t-il à Laban de lui accorder les bêtes marquetées et tachetées (v. 31-33). Il est très sérieux dans sa requête. C'est ainsi qu'il dira à son oncle de considérer tout animal non tachetée ni marquetée qui se retrouverait dans son troupeau comme volé (v 33b).

Laban acquiesce, mais n'imagine pas ce que serait le résultat quelques temps après. Quant à Jacob, il va paître le reste du troupeau des moutons et des chèvres, le troupeau appartenant à Laban. Les fils de ce dernier vont plutôt s'occuper du troupeau de Jacob. Cette stratégie constitue pour Laban une garantie qu'il ne sera pas trompé par son neveu. Malheureusement, Jacob va user de ruse pour s'enrichir au détriment de Laban. Ainsi il imagine 3 techniques qu'il met à exécution (v37-39) : il fait tailler des branches d'arbres pour les rendre blanches, qu'il dépose près d'abreuvoirs pour bêtes. Et dès que les moutons et les chèvres venaient boire, les femelles entraient en chaleur. Elles mettaient bas, et les petits étaient rayés, marquetées et tachetées. Ainsi, ils appartenaient à Jacob ; personne ne pouvait contester.

V 40 : Croisement de bêtes rayées et tachetées avec celles foncées. Ainsi, la prédominance des bêtes de Jacob sur celles de Laban se confirmait. Les petits qui naissaient par cette technique étaient généralement tachetés, rayés et marquetés. Ils appartenaient à Jacob, personne ne pouvait contester non plus.

V 41-42 : Placement des branches devant les auges afin que les bêtes qui entraient en chaleur les voient et qu'elles aient des petits tachetés et marqués. Jacob écartait toute bête chétive et les remettait dans le troupeau de Laban, tandis qu'il prenait pour lui les bêtes vigoureuses.

Grâce à ces 3 techniques, Jacob a réussi à accroître son bétail (véritable boucherie). Il était donc en mesure de recruter des serviteurs et des servantes, autant qu'il en avait besoin. Sa malhonnêteté l'a rendu riche ; il a réussi à développer son égoïsme sans faire confiance à Dieu. Cette ruse l'a placé dans une position inconfortable vis-à-vis de la famille de Laban.

Chapitre 31

LA SÉPARATION COMME MOYEN DE SORTIE DE CRISE

Dans la suite du récit, il est dit que la stratégie de Jacob consistant à devenir riche et puissant après avoir ruiné son oncle, fut à la base d'un nouveau conflit. Cette fois-ci les fils de Laban s'en mêlent (v 1-2). Ils sont mécontents de leur beau-frère et ce dernier est désormais considéré comme un escroc. En même temps, Laban ne cache pas son mécontentement, sa méfiance (v2). Jacob comprend qu'il est devenu *persona non grata* suite à son égoïsme.

31.1. Méfiance de Laban vis-à-vis de Jacob

Cette attitude de Laban est susceptible de faire accepter à Jacob ses fautes. Lorsque nous sommes en face de quelqu'un qui ns veut pas de nous, il est temps que nous prenions nos dispositions, soit en nous réconciliant avec lui, soit en quittant le lieu. Les deux solutions peuvent être bénéfiques pour nous. Par contre, il n'est pas commode de « forcer » quand on est sûr que la personne à côté de nous manifeste

clairement sa méfiance envers nous. Dans ce cas d'espèce, la séparation peut aider à résoudre le conflit, tel que cela fut le cas d'Abraham avec Lot (cf. ch. 13). Le Seigneur Dieu a pris l'initiative de demander à Jacob de quitter son oncle et de retourner son alliance par ces mots pleins de sens : « *je serais avec toi* ».
Cette initiative traduit à la fois l'amour et la fidélité de Dieu envers ceux qui sont objet de son choix souverain. Si Jacob était resté, il commettrait beaucoup d'autres bavures. Le temps du Seigneur est toujours le meilleur, et ses projets sont toujours pour le bien de ceux qui sont appelés par lui. Jacob devra désormais compter sur Dieu, car lui seul planifiera sa marche. Le temps où il s'est débrouillé tout seul est entrain de prendre fin. Il doit accepter de se laisser guider car ses propres choix ont donné des résultats désastreux. Lorsque Dieu appelle quelqu'un à quitter un endroit pour un autre, il lui garantit sa présence. A moins qu'il ne s'agisse de son appel.

31.2. Préparatifs pour le grand départ

Jacob se prépare donc à quitter Laban en toute discrétion. Il sait qu'il n'a pas été correct avec lui. Il commence par convaincre ses femmes du bien-fondé d'un tel départ. Le mécontentement de Laban qui n'a pas été honnête vis-à-vis du contrat concernant les troupeaux. Il est intéressant de constater dans ce conflit la place que Jacob veut désormais donner à Dieu « *Mais le Dieu de mon père a été avec moi* » (v 5b) ; « *et votre père… a changé dix fois mon salaire, mais Dieu ne lui a permis de me faire du mal* » (v7b) ; « *Et Dieu a ôté le troupeau de votre père et me l'a donné* » (v9) ; « *Et l'Ange de Dieu me dit en songe : Jacob… Lève tes yeux et vois…* » (…) *Car j'ai vu toute ce que t'a fait Laban… Je suis le Dieu de Béthel… Maintenant, lève-toi, sors de ce pays, et retourne au pays de ta parente* » (v 11-13, Darby, Ed. 2002).
De tels arguments suffisaient pour convaincre Rachel et Léa lesquelles, d'ailleurs étaient témoins du mauvais comportement de leur père. Pour elles également, Laban était plus attaché à ses biens qu'à ses filles. Elles encouragèrent plutôt leur mari commun à faire la volonté de Dieu. C'est que le Seigneur a dépossédé leur père qui risquait de ne pas penser à elles : « *Avons-nous encore une portion et un héritage dans la maison de notre père ? N'avons-nous pas été réputées par lui des étrangères ? Car il nous a vendues, et a même mangé notre argent… Et maintenant, fais tout ce que Dieu t'a dit* » (v14-16).

Commentant cette situation conflictuelle, A. SCHENKER dit : « Si Laban cherche à profiter de Jacob par toutes sortes de moyens tordus c'est donc au détriment de ses propres filles. Elles se sentent ainsi reniées comme filles par leur père (…, v.15). « *Car il nous a vendues* » signifie dans ce contexte : notre père n'a pas en vue l'assurance de notre existence, comme le fait chaque père normal pour ses filles, mais des femmes étrangères. De même, « *il a mangé et avalé notre argent* » veut dire : il nous a encore volé ce que Jacob, notre mari avait su gagner avec habileté et grâce à Dieu, pour sa famille, au mépris du souci qu'un père digne de ce nom se fait pour l'existence de ses filles. C'est pourquoi la fortune de Jacob nous appartient, d'autant plus qu'elle ne fut pas acquise au détriment de notre père (v.16)»[7]. Léa et Rachel ont fait le choix judicieux de soutenir leur mari commun plutôt que leur père car désormais elles feront leur vie avec lui.

Cette réaction sera déterminante pour la survie de la famille (ou des familles) de Jacob. L'expérience de Padan-Aran aura forgé le caractère du Patriarche. Ses épouses, quant à elles, viennent d'apprendre pas mal de choses au sujet de la gestion des conflits. Elles ont commencé à comprendre que seul Dieu est le Maître des circonstances et des temps.

Quant à Jacob, il est toujours celui qui vient résoudre ses problèmes à sa manière même s'il semble avoir compris que Dieu est entrain de le façonner. Sa position est quelque peu ambivalente. Pour quitter Laban, il profite de l'absence de ce dernier (v 20-21). Il a sans doute tenu compte des relations devenues tumultueuses entre son beau-père et lui. Mais on peut penser également à son caractère de quelqu'un qui veut aller de l'avant et qui veut se débrouiller seul. D'ailleurs l'encouragement de ses femmes y était pour quelque chose.

Avant de quitter Padan-Aran, Jacob a pris toutes ses précautions. Ses femmes et ses fils sont montés sur les chameaux, et il n'oublie rien de tout ce qui lui appartient. Il ne veut même pas donner une partie de ses biens à Laban, ne fut-ce que pour créer des conditions de réconciliation.

V 19 : Le vol des *théraphim*[8] (הַתְּרָפִים, *hattraphîm*) par Rachel peut être interprété comme une manière pour elle de chercher à résoudre son problème de stérilité. Il est clair que son insatisfaction, malgré la naissance de Joseph, est encore grande. En prenant les dieux domestiques de son père, Rachel ne fait pas du tout confiance au Seigneur Dieu de ses ancêtres. Mais il y a quand même lieu de se poser la question de savoir pourquoi Laban gardait des *théraphim* chez lui. N'est-ce pas là un signe d'idolâtrie ?

Rachel recherche une protection en prenant les divinités de son père. Seulement, il y a lieu de se demander pourquoi elle ne les réclame pas au lieu de les voler. Elle a eu le temps d'être avec Laban, son père. Malheureusement ce cas de vol des *théraphim* devient une nouvelle occasion pour un conflit de plus au sein de la famille.

31.3. Laban pourchasse Jacob

Alors que Jacob avait pris toutes les dispositions pour organiser la fuite (v 20-21) Laban n'est au courant de rien[9]. Ce n'est qu'au 3ᵉ jour qu'il reçoit, on ne sait par qui, l'information (cf. v.22).

Dès lors, il s'élance à ses trousses probablement avec l'intention» de se faire rendre compte. On peut bien imaginer le courroux de Laban qui semble avoir tout perdu :

---

[7] A. SCHENKER, in : *JACOB : Commentaire à plusieurs voix, op.cit*, p. 140.
[8] La traduction bilingue du rabbinat français traduit le terme par : Pénates, ces dieux domestiques que l'on trouvait chez les Romains, et qui jouaient un grand rôle au maintien du foyer, y apportant l'accroissement.
[9] Laban est appelé ici l'Araméen. C'est un des ancêtres auxquels le texte de Dt 26 fait allusion.

ses filles et ses bêtes. Mais avant de commettre un acte qu'il risquait de regretter, Dieu a pris les devants pour défendre son serviteur Jacob. En fait, c'est clair : lorsqu'on est objet du choix souverain de Dieu, la protection est toujours assurée. Le Seigneur a bien vu la supercherie de Jacob, mais comme il s'agit d'un homme de son choix, il le défend contre son « agresseur » : « *Garde-toi de parler à Jacob, ni en bien, ni en mal* » (v 24).
La vision reçue de nuit par Laban oriente son discours et son comportement lorsqu'il atteint Jacob et sa caravane. C'est de cette manière que Dieu change le cours des événements.

Pr 16,7 : « *Quand l'Eternel approuve les voies d'un homme, il dispose favorablement à son égard même ses ennemis* ». Jacob étant l'élu de Dieu, Laban ne peut rien contre lui, autrement c'est à Dieu lui-même qu'il risque d'avoir affaire. Il lui parle donc avec douceur, même si les mots qu'il utilise sont interpellants (v26-28).
Malgré le ton menaçant, Laban regrette de n'avoir pas dit au revoir à ses filles (et fils). Il aurait bien voulu organiser lui-même ce départ faste, car cela devait l'honorer (cf. v. 27-28). Sachant même que Dieu lui avait défendu de s'en prendre à Jacob, il n'hésite pas de qualifier cette fuite (un tel agissement) de folie. L'on peut comprendre l'attitude d'un homme qui s'imagine combien il lui sera difficile de vivre désormais sans bénéficier des services de Jacob et probablement aussi de ses serviteurs. Il pense à toute cette richesse accumulée par son neveu, une richesse qu'il ne semble pas vouloir partager avec lui.

Alors, Laban trouve un argument de poids pour chercher querelle à Jacob : les *théraphim*, אֱלֹהָי, « *'Elohay, mes dieux* » (v.30). Il sait que Dieu est avec Jacob et qu'il le défendrait toujours contre toute attaque virulente, mais la raison de la contre-attaque est quand même très forte. Laban met tout son poids sur ses dieux, ses protecteurs.
Voilà pourquoi il les recherche sans relâche, et soupçonne en premier son neveu, son beau-fils. La mauvaise humeur peut engendrer un comportement inadapté.
Il ne pense pas avant tout que l'une de ses filles ait pu agir de la sorte car il est sûr de l'éducation familiale. Mais il oublie que parfois les apparences sont trompeuses. Jacob le défie : « *Qu'il ne vice pas, celui auprès de qui tu trouveras tes dieux ! Devant nos frères reconnais ce qui est à toi chez moi, et prends-le* » (v.32a).
Une question mérite d'être posée : Comment les dieux de Laban ont-ils été si inactifs quand on les volait ? Ceci montre qu'il s'agit de faux dieux, incapables de secourir ou même de se défendre. Laban ne l'avait pas compris. Et même lorsqu'il s'acharne à les retrouver, ils auraient dû se présenter au lieu de se laisser enfermer quelque part. C'est cela le problème avec les idoles : elles ont des mains mais ne savent pas secourir; elles ont une bouche mais ne parlent pas ; elles ont des pieds mais ne marchent pas… bref, ce ne sont que des choses fabriquées par des homes qui, d'ailleurs, les manipulent à leur gré (cf. Ps 115,4-8 ; Ps 135,15-18).
Laban a tant cherché ses théraphins, mais en vain car sa fille Rachel les avait cachées

et s'était assise dessus, prétendant avoir des règles. Inutile d'insister dans ces conditions.

Jacob ne se laisse pas faire. Il est fâché contre Laban : « *Quel est mon crime, quel est mon péché, que tu me poursuives avec tant d'ardeur ?* » מַה פִּשְׁעִי מַה חַטָּאתִי, (*mah-pish'î, mah ḥatta'thî*), v.36[10]. Son acharnement envers Jacob n'a fait qu'envenimer la situation conflictuelle. S'il faut découvrir une image dans ce conflit, Laban représenterait les forces du mal qui ne laissent jamais les élus de Dieu tranquilles. Là où l'on a remporté une première victoire, les forces du mal changent de tactique quelque part pour trouver une faille. Dans ce conflit, heureusement, chacun s'en tire bien car il faut conclure une alliance de paix, une sorte de pacte de non agression (cf. v.44-54).

31.4. Conclusion d'une nouvelle alliance entre Jacob et Laban

Jacob s'est trouvé dans l'obligation de rappeler à son oncle combien il l'avait « exploité » ces 20 dernières années. Pour lui, il a honoré tous ses engagements. Il a travaillé 7 ans pour Léa, 7 ans pour Rachel et 6 ans comme ouvrier de son beau-père. Il n'est donc pas question de lui en vouloir ; ce qu'il a amassé comme richesse devra être considéré comme son salaire.
Sa tricherie n'est dans ce cas qu'une stratégie destinée à mieux se rémunérer. Quant aux « filles », elles restent enfants de leur père, mais désormais aussi, il faut tenir compte de leur nouveau statut de femmes mariées.

L'alliance conclue entre les deux parties comprend deux dispositions essentielles :
1° Jacob jure par le Seigneur Dieu de ne pas maltraiter ses femmes, filles de Laban, ni d'épouser d'autres femmes au pays de Canaan. Il devra rester fidèle envers Léa et Rachel (v.50).
2° Que chacun reste chez soi. Nul ne devra passer de son camp vers celui de l'autre dans le but de chercher querelle (v.52). Ils peuvent néanmoins se rendre des visites de courtoisie, mais pas pour rappeler un passé sombre.

Pour bien sceller cette alliance, les deux parties font appel à deux témoins :
1.   Le monceau de pierres qui forment une stèle (v.45-49). Les noms par lesquels Laban et Jacob désignent ce premier témoin donnent le même sens. Laban le désigne par *Jegar-Sahadutha* (= Monceau du témoignage), tandis que Jacob le nomme *Galhed* (= Monceau du témoin). L'autre terme utilisé est *Mitspa* (=Poste d'observation), de sorte que celui qui serait tenté de violer l'Alliance se souvienne de cet endroit où les pierres portent témoignage. Cette pratique consistant à nommer des lieux était courante dans le Proche-Orient ancien. On dressait des stèles sur des lieux qui racontaient une histoire, surtout là où Dieu s'était manifesté d'une manière

---

[10] Les termes מַה פִּשְׁעִי, מַה חַטָּאתִי, Mah-ḥatta'tʰi, Mah-pish'î, *Quel est mon crime* חֵטְא, *quel est mon péché* פֶּשַׁע sont tellement synonymes qu'on peut utiliser l'un pour l'autre sans en altérer le sens.

spéciale. Dans le cas d'espèce, les pierres sont des véritables témoins, non pas qu'elles pourront répondre de quoi que ce soit, mais pour qu'on n'oublie pas le sens de l'événement. Les humains garderont toujours le souvenir du passé, les pierres servant de « poste d'observation » et de « monceau de témoignage ». C'est le sens de *Galed* (v.48b).

2.   Le deuxième témoin est le Seigneur Dieu, celui par qui tout est possible. Il n'a pas besoin d'être cité comme témoin. Le fait que les deux parties mettent Dieu au centre de l'événement a une portée extrêmement théologique : Rien ne peut avoir lieu sans lui. C'est lui qui est intervenu en faveur de son serviteur Jacob, et c'est aussi lui qui est aux commandes. Laban le reconnaît également.

Les deux grandes clauses de l'alliance ainsi conclue ne seront respectées que si chacune des parties a la crainte de Dieu : « *Que l'Eternel veille entre moi et toi, quand nous serons cachés l'un à l'autre* » (v.49b)… « *Dieu est témoin entre moi et toi* » (v.50a)… « *Que le Dieu d'Abraham et le Dieu de Nahor, le Dieu de leur père, juge entre nous* » (v.53).

Cela dit, Dieu est à la fois le Juge Suprême et l'Arbitre. Rien ne sera rendu possible sans lui. Laban est entrain de se rendre compte que ses théraphins n'étaient d'aucun secours, car Dieu seul contrôle toute chose. Il est entrain de confesser le Dieu de Jacob, ce Dieu qu'il semblait négliger. Quant à Jacob, après avoir juré par le Dieu de son père Isaac (v.53b), il offre un sacrifice à la montagne ; il associe ses « frères », c'est-à-dire tous les siens, à l'événement (v.54).

La conclusion de l'alliance a été faite avec la prise d'un repas en signe de véritable réconciliation. Le premier repas était pris au moment où les belligérants ont érigé le monceau de pierres (premier témoin). Quand au second (repas), il est le signe de la grande reconnaissance à Dieu (Juste Juge et Arbitre) après le sacrifice[11]. Ceci fait penser à l'Alliance d'Abraham dans laquelle Jacob entre petit à petit mais sûrement. C'est donc une séparation qui se fait avec la bénédiction de Dieu. Laban pourra alors embrasser ses filles sans préjugés. En allant à la rencontre de Jacob, il était un homme violent, plein de malice et arrogant, déterminé à se venger. Mais le Dieu de Jacob vient de faire de lui un être nouveau. Désormais, ses relations avec ses filles et avec son beau fils seront sincères et inspirées par la crainte du Dieu de ses pères.

Chapitre 32

VERS UNE RÉCONCILIATION AVEC ESAÜ

A peine Jacob a quitté Laban qu'une autre épreuve se présente à lui. Comment renouer avec son frère jumeau (Esaü) car tous les liens avaient été rompus. Telle est la préoccupation du présent chapitre.

---

[11]   C'était la coutume du clan d'Abraham d'offrir des sacrifices d'action de grâces à Dieu. Jacob entre bien dans l'Alliance de son grand père, car les promesses de Dieu sont irrévocables (cf. Rom 11,29).

32.1. A Mahanaïm

Dès le 1ᵉʳ verset, le narrateur nous fait comprendre que ce qui va se passer relève de la présence de Dieu. Avant d'affronter son frère à qui il aurait volé le droit d'aînesse, Dieu envoie ses anges pour réconforter Jacob. A leur vue, le patriarche comprend qu'il n'est pas seul. En plus de son camp, il reconnaît le camp de Dieu. Et comme à l'accoutumée, il donne un nom symbolique à l'endroit de cette rencontre : Mahanaïm[12]. Ceci ne pourra que le réconforter dans sa résolution de renouer avec son frère jumeau. Toutefois, Jacob va se démener à trouver la solution à sa manière.

L'humain fonctionne encore en lui. La peur au ventre, il envoie des messagers qui devront jouer le rôle d'intermédiaires entre son frère et lui. Il a pris toutes les précautions utiles pour que tout se passe bien. Il s'efface devant Esaü qu'il appelle « *mon Seigneur* », une manière humble de désigner la personne qu'on redoute. Ensuite, il parle de son séjour chez Laban, son oncle et celui d'Esaü. Enfin, il a trouvé une autre astuce : amener Esaü à accepter des présents afin d'adoucir sa face. Jacob lui parle de sa richesse matérielle obtenue chez Laban (v 3-5).

Les messagers ont fait leur boulot. Ils ont bel et bien rencontré Esaü et lui ont rapporté toutes les paroles sensées créer un climat de confiance. Mais d'emblée cela ne semble pas impressionner Esaü. Au contraire, il tient à se venger car ça faisait longtemps qu'il cherchait une telle occasion. Voilà pourquoi, il marche avec 400 hommes de guerre. Jacob est entrain de réaliser combien lourd était son passé. Il se condamne d'avoir joué un mauvais tour à son propre frère. Le passé est entrain de le rattraper et il le redoute. Mais en habile « trouveur de solution », il a pensé à la manière de se défendre. Les pensées s'agitent dans son esprit.

Il a sitôt oublié la vision qu'il venait d'avoir à l'endroit qu'il a pourtant appelé « Mahanaïm ». Son « truc » va consister à former également 2 camps (v 7-8). En procédant de la sorte, il s'est dit : « *si mon frère attaquait 1 des camps, alors avec l'autre qui va rester, je pourrai bien avancer* ». Jacob est entrain de se rendre compte combien il est pénible de tromper les autres. Devant l'avancée de son frère, il a si peur qu'il partage tout ce qui est avec lui pour former deux camps : hommes, brebis, bœufs et chameaux. C'était peut-être une manière de se souvenir des deux camps dont il avait parlé précédemment.

32.2. Faire confiance en Dieu

Jacob comprend que tout ceci risque d'être une solution provisoire. Il a réalisé ses limites, d'où il va s'adresser à Dieu. C'est là qu'il fallait commencer ! Dans sa requête, il invoque le Dieu d'Alliance (voir la formule : « *Dieu de mon père Abraham, et Dieu de mon père Isaac !* » v9a). Cette évocation le conduit à voir les choses d'après l'Alliance car après tout, il y a la promesse du Seigneur de faire de lui aussi l'héritier de cette Alliance.

---

[12] Le terme hébreu מַחֲנַיִם (*Maḥanayîm*) est un duel masculin = deux camps ou deux armées.

Dès que Jacob voit les choses sous cet angle, sa perception change ; tout en redoutant la vengeance d'Esaü, il croit encore aux promesses de Dieu, et il les lui rappelle (v 9b-12). Ceci constitue la voie vers le succès. Il est toujours important pour les enfants de Dieu de s'accrocher à ses promesses, de les lui rappeler lorsqu'on est dans la détresse : Souvenir de l'Alliance (Ps 105), « *Eternel, Toi qui m'as dit de retourner dans mon pays, vers les miens... Toi qui as juré de me faire du bien...* ». Cette évocation conduit à plus de foi et de confiance, car il n'est pas possible que Dieu mente. Ce qu'il promet il l'accomplit souverainement, fidèlement. Ayant compris cela, Jacob s'en remet à Dieu. Il s'est rendu compte de ses limites, de sa petitesse. Il a compris que c'est Dieu qui l'a élevé, par pure grâce. Il confesse la fidélité de Dieu de ses pères en reconnaissant toutes les faveurs dont il a bénéficiées : « *J'ai passé ce Jourdain avec mon bâton ; et maintenant je suis devenu deux bandes* ».

Ce n'est qu'après avoir rendu grâce à Dieu qu'il peut maintenant exposer son problème. (v.11 : « *Délivre-moi, je te prie, de la main de mon frère...* »). Jacob ne cache pas ses craintes à Dieu. Sa prière est très précise, il ne divague pas. Ce qu'il dit à Dieu vient du plus profond de son être.
D'ailleurs, pour montrer qu'il s'attend à Dieu, il termine sa prière par le même rappel des promesses auxquelles il s'accroche désormais : « *Tu as dit : certes, je te ferai du bien, et je ferai devenir ta semence comme le sable de la mer...* » (Sous-entendu : « *J'attends que cette promesse se réalise ici et maintenant pour moi* »), v.12 (Bible Darby).
En d'autres termes, la menace d'Esaü risquait (selon Jacob) de compromettre la réalisation des promesses divines. Jacob a donc tout envisagé, et même s'il a tout remis au Dieu de ses pères, il veut s'approprier cette Alliance. Il doit maintenant corrompre son frère avec des présents (v14-16), « *pour trouver grâce à ses yeux* ». Il a pris toutes les précautions pour que tout se passe bien. (Voir les instructions données aux serviteurs). Jacob est présenté ici comme un vrai stratège. Il avait même imaginé ce qui se produirait lorsqu'Esaü rencontrerait les troupes (v 17-19). Il était rassuré que le plus dur c'était de savoir comment Esaü accueillerait les camps de son frère. Ensuite seulement, les serviteurs pourraient préparer le terrain en annonçant que Jacob suivait. Et là encore, il a prévu comment il devait lui parler.

Jacob est entrain de se laisser façonner par les expériences douloureuses de la vie. Il a prévu d'adoucir la face de son frère en lui proposant des présents (v20)… Sa dernière stratégie consiste à proposer un marché : un présent constitué de bêtes de ses troupeaux : chèvres et boucs, brebis, béliers, chamelles, vaches et taureaux, ânesses et ânons (v15) en nombre considérable. Dans la pensée de Jacob, il y a l'idée de se faire accepter grâce à ce qui a constitué son travail chez son oncle Laban. Il envoie ses serviteurs avec tous ces présents, imaginant qu'Esaü, voyant ces bêtes, oublie ses magouilles d'antan.
Même si les choses ne se passeront pas ainsi, les calculs de Jacob auront servi à quelque chose : le rapprochement entre les deux frères ennemis. Ce qui prélude une

réconciliation à venir. Jacob s'est rendu humble jusqu'au bout. Il a donné des instructions claires et précises à ses serviteurs sur les réponses à donner aux éventuelles questions d'Esaü. Et ces questions sont formulées avec une extrême précision (v 17-19). Puisque Esaü aura ainsi été mis au courant de la présence de Jacob, il serait facile de lui parler de la venue de ce dernier.
Ainsi, tout le terrain était préparé : « *Voici, ton serviteur Jacob (vient) après nous* » (v.20a).
L'imagination de Jacob est tout à fait féconde : « *Je l'apaiserai par le présent qui va devant moi, et après cela, je verrai sa face ; peut-être qu'il m'accueillera favorablement* » (v20b).

Le narrateur a tenu à rapporter même les pensées de Jacob, une manière de raconter les moments de tension psychologique dans le chef du Patriarche. Mais l'événement qui se produit la nuit est susceptible d'orienter la vision de Jacob. Ayant donc pris toutes les dispositions utiles pour affronter Esaü, il passe à la vitesse supérieure en faisant traverser femmes et enfants le gué de Jabbok (torrent de Jabbok). Quant à lui, il reste de l'autre côté car la peur est sur le point de le paralyser. C'est dans cette situation de crise intérieure que Dieu vient à lui pour le rappeler à l'ordre. Jacob a semblé oublier qu'il avait demandé l'intervention divine face à la menace qu'il redoutait.

32.3. Retour à l'Alliance de Dieu : La lutte avec l'ange

Le récit parle tantôt d'un homme tantôt de Dieu qui lutte avec le Patriarche. Sans doute il s'agit ici d'une question de théophanie[13]. Il est dit qu'un homme a lutté avec lui jusqu'au lever de l'aurore. Ce texte peut être considéré comme le temps de brisement. Jacob devra comprendre que pour être fort avec Dieu, il faut se laisser briser. Il a trop fait de démontrer ses capacités à résoudre les questions délicates. Mais désormais c'est Dieu qui triomphera sur ses bonnes intentions et résolutions. A ce sujet, Ch. Rochedieu dit :
« Préparé par ces diverses expériences, il va se trouver maintenant dans une situation telle qu'il devra reconnaître l'impuissance absolue de toute son habileté et de toutes ses rouries, et qu'il sera contraint de faire un appel désespéré à l'immense bonté et à la toute-puissance de Dieu. Et Dieu mettra à profit cette occasion pour mettre son sceau indélébile sur l'alliance enfin conclue avec cet humain si long à conquérir : il ne pourra plus faire un pas sans se rappeler son impuissance, sa force brisée, et son nom de mauvaise augure sera remplacé par le beau nom qui est devenu celui de tous les véritables vainqueurs, de tous ceux qui reconnaissent que c'est à Dieu qu'ils doivent leur victoires »[14].

---

[13] Apparition de Dieu sous une forme visible. P ex. à travers des éléments de la nature, souvent le feu (cf. Ex 3,2 ; Ps 97,3 ; Joël 2,3 ; Am 5,6 ; etc.).
[14] Ch. ROCHEDIEU, *op.cit*, p. 73.

Jacob venait de passer une nuit agitée, et il a reçu un coup à l'emboîture de la hanche, ce qui le rend infirme. Ceci est le résultat d'une longue résistance. Le fait que ce soit à la hanche et non ailleurs nous fait comprendre une situation de totale anéantissement.

C'est dans le brisement que se trouve la force spirituelle de quiconque veut mener une vie de vainqueur. Jacob ne peut plus continuer la résistance ; il recherche simplement la bénédiction. Autrement, il se dit : Comment puis-je continuer ma route, moi qui suis devenu un infirme ? Voilà pourquoi il s'accroche, et demande d'être béni, c'est-à-dire d'être rassuré (v26 : « *Et il (l'Homme) dit: Laisse-moi aller car l'autre se lève. Et il (Jacob) dit: Je ne te laisserai point aller sans que tu m'aies béni* »).

Il y a ici un message important, qui s'adresse à tous ceux qui veulent devenir des héros de Dieu : dès qu'on se reconnaît faible, il faudra vite demander la force à Dieu pour continuer sa route avec confiance.

Mais aussi une double question mérite d'être posée : Pourquoi l'homme en question voulait-il abandonner Jacob avant que le jour pointe à l'horizon ? Est-ce pour qu'il n'y ait pas de témoins gênants ? Mais la leçon est bien là : Dieu n'utilise pas des personnes autosuffisantes; il aime que l'on compte sur lui pour aller plus loin.

32.4. Jacob devient Israël

Jacob est entrain de vivre des moments précieux. Alors qu'il s'agite et attend d'être béni, l'Autre lui demande son nom.

Jacob s'empresse de donner son nom, mais l'Autre lui donne un nouveau nom. Désormais celui qui a toujours cherché à supplanter les autres deviendra un héros de Dieu. Il est appelé Israël (… Celui qui lutte avec Dieu), car il a lutté avec Dieu et avec les hommes et qu'il a prévalu. Ici se pose la question de savoir pourquoi Dieu devait demander le nom de Jacob comme s'il l'ignorait. On peut supposer qu'il voulait le faire participer à son propre salut. Dieu associe l'homme à son plan du salut afin qu'il n'oublie pas d'où il vient et comment il a été repêché. C'est encore là une manifestation de la grâce souveraine de Dieu. Il a créé l'humain à son image et selon sa ressemblance ; il l'a créé sans lui mais il le sauve en l'associant à son plan du salut. Jacob comprend que quelque chose est entrain de se passer dans sa vie. Et il ne peut rester indifférent ; Voilà pourquoi il veut aussi que l'Autre se présente à son tour (v29). Mais il y a une fin de non recevoir. Que Jacob se contente de son nouveau nom, voilà qui devra changer sa perception des choses spirituelles. L'essentiel, c'est que la bénédiction lui est accordée, car c'était son vœu le plus cher (cf. v26b).

Malgré son infirmité à la hanche, il devra expérimenter la force de Dieu en lui. Il l'a bien compris, et il nomme le lieu de la théophanie « *Péniel* », (אל) פְּנִיאֵל = Dieu, et פָּנִים ; = Faces, d'où : Faces de Dieu), v 31. Ce nom constitue pour lui une véritable action de grâces. Jacob a vu la face de Dieu (ou les faces de Dieu : il a vu Dieu face à face, *panîm 'el-panîm*, פָּנִים אֶל פָּנִים), et il a été l'objet d'une grâce particulière le fait d'avoir lutté avec un plus fort que lui et de sortir vainqueur. C'est de cette manière que les enfants de Dieu remportent des victoires. Après les luttes, il y a toujours des bénédictions pourvu que l'on ne se lasse pas, que l'on ne cède pas au découragement. Cette image se comprend encore mieux avec la présence du Soleil, *shèmèsh* שֶׁמֶשׁ (v 32). L'infirmité à la hanche est bien là, mais Jacob a obtenu ce qu'il voulait : la bénédiction. Et cela lui fera bientôt oublier le malheureux passé.

Commentaire du narrateur

Le v. 33 constitue un commentaire destiné à expliquer pourquoi les Juifs pratiquants ne mangent pas le tendon qui est sur l'emboîture de la hanche. Jacob est ainsi honoré de générations en générations. Sa mémoire a une portée perpétuelle, car Dieu l'a ramené sur la voie de l'Alliance traitée avec Abraham et Isaac.

Chapitre 33

QUAND LES FRÈRES ENNEMIS SE RETROUVENT

La bénédiction dont Jacob vient d'être l'objet constitue un atout majeur pour enfin affronter Esaü. Dieu avait déjà préparé le terrain pour que la rencontre redoutée par son serviteur se passe plutôt bien. Il est vrai que Jacob a été réconforté, néanmoins, à la vue de son frère, il prend ses dispositions car, pense-t-il probablement, on ne sait jamais. Il a aperçu son frère au loin, avec ses quatre cents hommes, et en habile stratège il forme quatre camps à la tête desquels il place Léa et Rachel, ainsi que Bilha et Zilpa (les servantes) chacune avec ses enfants. Jacob a retrouvé la confiance en soi, et il décide d'aller le premier à la rencontre d'Esaü en changeant de stratégie. Avant sa rencontre avec l'ange de Dieu, Jacob se cachait car il n'était sûr de rien. Et même sa prière (cf. 32:9-12) était l'expression d'une grande angoisse devant l'épreuve. On a vu comment il a envoyé des délégations devant lui, avec un présent pour Esaü.

33.1. Le courage d'être

Après avoir remporté la victoire sur Dieu et sur les hommes (langage anthropomorphique !), Jacob a moins peur qu'avant. Il s'avance en premier, concédant ainsi à être la première victime éventuelle. Le comportement du Patriarche est le modèle des enfants de Dieu qui sont toujours entrain de rechercher sa présence pour aller de l'avant. Le temps de Dieu a vraiment sonné car la rencontre des deux frères ennemis se fait sans heurts ni animosité. Cela est aussi dû à l'attitude d'humilité de Jacob. Son arrogance a été remplacée par la simplicité de cœur. Il se prosterne devant Esaü par sept fois comme devant une divinité (v.3). Cette attitude fut à la base d'un bouleversement de situation. Esaü se rend compte que son frère a besoin d'être rassuré. Comme dans l'histoire du fils prodigue (cf. Lc 15 : 11-32), c'est la personne offensée qui fait le pas vers celle qui l'a offensée (le coupable). Jacob sait que ses actes ne méritent que sanction (la mort !) et il ne plaide pas non coupable. Néanmoins il peut compter sur la miséricorde de son frère Esaü. Une telle attitude devrait être celle de tout enfant de Dieu face à sa propre culpabilité. Aussi, n'hésite-t-il pas d'appeler Esaü (*'Adonî*, אֲדֹנִי) « *mon seigneur* » (cf. v.32).

Esaü voit la souffrance de son frère ; il est entrain d'oublier le mal qu'il lui avait causé il y a des années. Il voit en Jacob un autre homme. L'escroc est devenu un homme sérieux et très responsable. Esaü a reçu de grands honneurs de celui qui est né le même jour que lui, sorti du même ventre de sa mère, son frère jumeau.
Jacob avait les yeux courbés, signe qu'il était encore préoccupé par la rencontre à venir. Mais lorsqu'il lève ses yeux, il aperçoit Esaü, et humblement il vient se jeter à ses pieds. Il a compris que la réconciliation passe par une telle attitude d'humilité, surtout lorsqu'on a tout gâché soi-même. Il se prosterne devant son frère comme devant un être divin. Mais ce dernier a tenu compte de l'humilité et de l'humiliation de Jacob qui a fait le maximum qu'il pouvait[15].

33.2. L'heure est à la réconciliation

L'heure de la réconciliation a sonné. Observons six attitudes susceptibles de faire oublier le passé :
1. Jacob avance en direction d'Esaü avec bravoure car il a été réconforté par son combat et sa victoire avec l'ange (l'Homme - l'Autre). La nuit est passée. Le jour s'est levé. Jacob l'arnaqueur a été brisé, et ainsi il a accepté de s'anéantir pour que son frère considère les honneurs dus à un supérieur, bien plus à un dieu ou un fils de dieu (v.1-3). Il se désigne par le mot « serviteur » ou « esclave », עַבְדְּךָ, *'ab^{h}dèkha*, « ton serviteur » (v.5).
2. Esaü avance en direction de Jacob car il veut le relever. Il a vu la grande misère de son frère et il est sur le point de lui pardonner sa malhonnêteté. Lui qui avait juré de tirer vengeance (cf. 27, 41), est entrain de changer d'avis. Il s'accroche au cou de son frère en l'embrassant et tous deux sont émus. Ils font couler des larmes de joie à cause des retrouvailles (v.4).
3. L'intérêt d'Esaü pour la progéniture de Jacob : Esaü a levé ses yeux et a vu la grande famille de son frère et veut en savoir plus car il ne reconnaît personne à part Jacob sans doute. Il se réjouit de voir les enfants et les femmes de son frère. Dès lors, il a compris qu'il n'est plus un enfant. Il pouvait bien se dire : « *Les choses doivent changer car mon frère est devenu un grand responsable. Je peux comprendre qu'il ait tout fait pour s'humilier devant moi. Il est donc normal que je pardonne ce qu'il m'a fait dans la jeunesse !* ».
4. L'attitude humble de Léa, de Rachel et des servantes : Elles qui n'avaient jamais rencontré Esaü se prosternent devant lui. Elles ont entendu parler de ce que

---

[15] Au v3, il est dit que Jacob s'est prosterné sept fois à terre. Le chiffre 7 marque la plénitude. Son attitude montre qu'il a fait tout ce qu'on peut faire pour obtenir le pardon d'Esaü (Anéantissement).

Jacob avait fait. Depuis qu'elles sont en chemin, la question trotte dans leurs esprits : « Comment sera cette rencontre redoutée par Jacob ? ». Les femmes de Jacob pouvaient bien se conduire envers Esaü en belles-sœurs, mais elles prennent, comme leur mari, une attitude d'humilité. Et Esaü a aussi tenu compte de cela (v.6-7). Elles abandonnent leurs privilèges pour « sauver les meubles ».

5. Le présent : les cadeaux prévus par Jacob pour adoucir la face d'Esaü ne vont plus jouer le même rôle. Alors que dans le cœur d'Esaü le pardon a effectivement été accordé, Jacob ne pense pas ainsi. Il veut que cela serve plutôt de preuve que tout est réglé. Voilà pourquoi il presse son frère à prendre ce qu'il lui destine. Ici on voit Esaü parler tendrement à Jacob qu'il appelle « mon frère », *'aḥî* (v.9 אָחִי). C'est une manière de rétablir les liens fondamentaux par l'amour fraternel. S'il a fini par accepter le présent, c'est pour montrer que tout est fini. Il a compris que Dieu était avec son frère et qu'il ne pouvait que se réconcilier avec lui. (cf. v.8-11).

6. La marche côte à côte : la réconciliation étant intervenue, les deux frères peuvent marcher ensemble. C'est une grande leçon spirituelle. Quand les relations étaient encore tendues, une telle marche n'était même pas envisageable. On ne peut marcher ensemble que quand on est d'accord (cf. Am 3 : 3). Esaü et Jacob peuvent maintenant se tenir la main et regarder plus loin. Le dialogue est franc. Tous deux conversent comme des vrais amis. Seulement, Jacob continue de désigner son frère par « mon seigneur », *'adonî*, אֲדֹנִי (cf. v.12-16). Même si chacun va habiter d'un côté et d'autre, les deux frères ont réglé leurs différends (les linges sales se lavent en famille !). Dieu a rendu cette réconciliation possible car il avait un projet à réaliser avec l'homme de son choix, Jacob.

33.3. La vie des tentes (soukkôth)

Après la séparation d'avec Esaü, Jacob s'installe dans un lieu appelé *Soukkôth* (de סֻכֹּת : cabanes). Il y a ici un jeu de mots entre le nom de l'endroit et les cabanes construites par le Patriarche pour son bétail. Et le narrateur explique que cette appellation provient du fait que Jacob y a installé des cabanes, alors que dès le départ, il est dit qu'il s'en est allé à Soukkôth. On comprend par là que Jacob va encore mener une vie d'errance avec son bétail et les gens de sa maison. Mais plus intéressant est encore le commentaire : « *Et Jacob arriva en paix (*שָׁלֵם*: Salem) à la ville de Sichem* » (שְׁכֶם).

C'est là le lieu où il devait s'installer définitivement. La vie d'errance prend fin car il est arrivé au lieu que YHWH lui destinait (cf. 31,13). Après s'être acquis un lopin de terre, il s'installe à Sichem. Jacob est présenté comme un vrai adorateur du Dieu de ses pères.

Il n'oublie pas que s'il est encore en vie, c'est parce que Dieu l'a voulu ainsi. Et pour élever ce Dieu, il lui bâtit un autel qu'il va appeler « *'El-'Elohé-Israël* », אֱלֹהֵי יִשְׂרָאֵל אֵל, un nom composé que l'on peut traduire littéralement par : « *Dieu, le Dieu du vainqueur de Dieu* » (le Seigneur, Dieu d'Israël), c'est-à-dire le Dieu de Jacob.

Désormais, même si plusieurs épreuves vont encore marquer sa vie, il n'oubliera pas d'honorer le Dieu qui a veillé sur lui et qui s'est toujours montré fidèle à son Alliance.

Chapitre 34

EXPEDITION PUNITIVE

Le pays de Sichem apporte son lot de problèmes aux nouveaux venus. Le temps pour Jacob et les siens de s'adapter aux nouvelles conditions de leur milieu, une première épreuve surgit qui ne provient pas des arrivants, mais des habitants du milieu.

34.1. Dina violée

Sichem[16], fils de Hamor, profite de sa situation privilégiée – il était prince – pour humilier la famille de Jacob. Il n'a pas eu le temps de s'informer au sujet des meurs et coutumes de cette famille. Il lui a suffi de rencontrer la jeune Dina pour la déshonorer en couchant avec elle (v.1-2). Sans le savoir, cet homme vient de « toucher » des intouchables. Il est dit que Dina était sortie de la maison paternelle juste pour voir les filles du pays, probablement pour tenter de tisser des liens d'amitié avec l'une ou l'autre fille. Après tout, il est normal pour un nouveau venu d'explorer son nouveau milieu. Mais sa sortie ne passe pas inaperçue. Non seulement Sichem couche avec elle, mais il la désire pour qu'elle devienne sa femme (v.4). Le schéma est malheureusement renversé. Il aurait fallu commencer par s'informer si cela était possible de l'épouser. Or, pour Israël et ses fils, Sichem s'est attiré un malheur.

Après avoir commis l'infamie, Sichem s'adresse à son père : קַח לִי אֶת הַיַּלְדָּה הַזֹּאת לְאִשָּׁה *Qaḥ-lî 'eth-hayyalddah hazo'th lᵉ'ishshah*, « *Prends-moi cette jeune fille pour femme* » (v.4). Une telle démarche aurait dû être entamée en premier lieu. Sichem a donc brûlé les étapes. Quant à Hamor, il encourage son fils et s'implique personnellement dans sa démarche. Et il prend les choses en mains. Non seulement il va solliciter la main de Dina pour Sichem, mais aussi il veut conclure une alliance avec la famille de Jacob (v.6). Au lieu de condamner le comportement immoral de son fils, il souscrit à sa démarche. Comment, en pareilles circonstances, peut-on compter sur un tel héritier ? Quel aveuglement !

Mais c'était sans compter que Jacob était déjà au courant du déshonneur fait à sa fille (cf. v.5). Avec ses fils de retour des champs, Jacob murmure une véritable haine (animosité). Ses fils aînés, Siméon et Lévi, ne vont pas laisser passer cette opportunité, car le sang chaud de leur père coule dans leurs veines.

---

[16] Sichem est le fils de Hamor, fondateur de la cité du même nom. Hamor honore son fils qui devra jouer le rôle d'héritier. C'est ce qui justifie son titre de prince.

34.2. La ruse des fils de Jacob (Israël)

Il est dit que Jacob a gardé le silence jusqu'au retour de ses fils, un repli stratégique sans doute. Mais lorsque les jeunes gens reviennent des champs, ils sont informés de ce qui venait de se passer. Ici Jacob laisse faire ; il ne convoque même pas un conseil de famille. Siméon et Lévi sont entrain de mettre sur pied une stratégie ; ils ont pris la résolution dans leur cœur, de venger leur sœur (v.7). La complicité de leur père ne fait que les encourager dans cette voie. Comme quoi, la colère et l'irritation ne sont pas faites pour rétablir la paix.

Les fils de Jacob savent ce qu'ils veulent faire, mais ne révèlent pas leur plan. Bien au contraire, quand Hamor leur parle (v.8-10), ils l'écoutent attentivement, sans l'interrompre.

Le discours du père de Sichem comprend trois parties essentielles :
1. Il rapporte l'envie de Sichem d'épouser Dina. Sichem s'est attaché à la fille de Jacob par un amour charnel. Mais il est précisé qu'après avoir couché avec elle, son cœur était attaché à sa victime. Ce cas de viol n'est pas condamné par Hamor qui se comporte à son tour comme un véritable aveugle spirituel. Il veut simplement satisfaire son fils.
2. La demande de Hamor va plus loin. Il veut que désormais l'alliance sur le plan des mariages s'étende aux deux familles. Etant le fondateur de la ville, il propose à Jacob un véritable partenariat : « *Et alliez-vous à nous : donnez-nous vos filles, et prenez nos filles pour vous* ». Ici, Hamor veut conclure un tel pacte pour faire oublier l'infamie commise par son fils. Drôle de manière de résoudre un problème de cette taille. Pourtant son fils aurait dû commencer par là.
3. Dans le cadre de ce projet d'alliance, Hamor va encore plus loin : il demande (comme conséquence de l'acceptation des unions conjugales) à Jacob et aux siens de s'établir à Sichem, c'est-à-dire de sédentariser. Les verbes utilisés sont significatifs et sont tous à l'impératif : Habitez avec nous (*w'ittanou téshéb*^{h}*ou*, וְאִתָּנוּ תֵּשֵׁבוּ), trafiquez (*sh*^{e}*bhou ous*^{e}*hrouah*, שְׁבוּ וּסְחָרוּהָ), ayez des possessions (*w*^{e}*hé'ahazou bah*, וְהֵאָחֲזוּ בָהּ). Pour Hamor donc, il est question d'une alliance permanente ; il ne s'agit pas de choses provisoires.

Comme on le voit, les intentions de Hamor semblent légitimes. Il veut faire effacer l'acte de son fils Sichem en proposant une telle alliance avec les nouveaux venus. Voilà pourquoi il s'incline devant la volonté de Jacob et de ses fils. Il leur parle avec confiance. Son fils n'attend pas mais avance d'autres propositions (v11-12). Cet homme a les moyens de payer une dot très élevée ; Son arrogance le pousse à insister alors qu'il n'a même pas pu demander pardon. Il tient à prendre Dina à n'importe quel prix.

34.3. Quand Siméon et Lévi exercent la vengeance

Jusque-là, Siméon et Lévi ont suivi les discours de Hamor et de son fils, sans rien dire. Ils avaient résolu dans leur cœur de venger leur sœur. Hamor et Sichem ne se doutent de rien. Ils sont tellement naïfs qu'ils vont se faire prendre dans un piège. Et le piège est bien là : Siméon et Lévi n'ont pas oublié l'Alliance par la circoncision instituée par leur arrière-grand-père Abraham. Ils parlent à Sichem et à Hamor avec malignité et ruse. Ils leur parlent de ce qui pourrait être un handicap pour eux d'accepter toutes ces propositions. Si Hamor et son fils consentent à se faire circoncire, si tous les mâles dans Sichem acceptent d'être comme Jacob et ses fils, alors tout ira bien. Le handicap n'existerait plus pour une alliance totale telle que préconisée par Hamor (v13-16). Jacob et ses fils ont aussi envisagé le cas où Hamor et son fils ne consentiraient pas à se faire circoncire. Dès que ces derniers entendent la condition posée pour des alliances sûres, ils acquiescent sans penser aux conséquences[17]. Non seulement ils se font circoncire, mais ils vont convaincre tous les hommes de leur ville à faire autant. Comme quoi, l'aveuglement de Hamor et de Sichem s'étend à toute la cité, car ils ont un véritable pouvoir de persuasion.

Quand ils parlent à la porte de la ville, ils donnent tous les arguments en faveur d'une telle alliance : « Ces hommes sont paisibles à notre égard » (*Heureux ceux qui procurent la paix* ! Mt 5,9) » (v21a). « *Nous prendrons leurs filles pour femmes et nous leur donnerons nos filles* » (Un argument de poids pour convaincre ceux qui veulent faire l'expérience avec des filles étrangères !) (v21b). « *Leurs troupeaux et leurs biens, et toutes leurs bêtes, ne seront-ils pas à nous* ». La convoitise a bien gagné Hamor et Sichem, et les habitants de la ville pensent à ce que cela peut rapporter de s'emparer des biens de ces étrangers ! v23.
Ces trois arguments ont eu tellement d'impact sur les mâles de Sichem que tous se sont fait circoncire (sans doute par Jacob et ses fils !) sans poser aucune question. Ces hommes vont expérimenter la douleur due à la circoncision. Ils ne peuvent même pas travailler durant plusieurs jours. Ils sont seulement tournés vers les promesses de s'emparer de ce qui ne leur aura rien coûté.

Siméon et Lévi ont réussi à jouer leur sale coup (v.25-30). Eux seuls savaient ce qui devait se passer après. Le cœur humain, dit Jérémie 7,9, est tortueux par-dessus tout, et il est mauvais ! Les fils de Jacob avaient planifié, d'une manière ingénieuse, leur projet de venger Dina. Ils ont attendu que les hommes de Sichem soient dans un état d'incapacité physique pour les massacrer (…). Ils ont pris chacun son épée et sont passés à l'action, car ils étaient en position de force. Ils ont également tué Hamor et Sichem (qu'ils ont) considérés comme les responsables de cette situation. Le v26 donne une indication précieuse : « *… Et ils passèrent au fil de l'épée Hamor et*

---

[17] Hamor et Sichem sont tellement aveuglés par l'idée de prendre Dina en mariage qu'ils ne s'informent même pas sur le bien-fondé de la circoncision. Comment peut-on entrer dans une alliance à laquelle on n'est pas destiné ?

Sichem, son fils, et emmenèrent Dina de la maison de Sichem... ».

C'est que depuis le viol, Dina est restée chez Sichem. Ce denier s'était servi sans attendre la réponse de Jacob. Ce qui semble avoir compliqué la situation. Siméon et Lévi n'ont pas toléré que leur sœur se retrouve dans la maison d'un inconnu. Après avoir passé tous les mâles au fil de l'épée, ils se livrent au pillage (v27-29). C'est l'histoire qui se répète car les fils de Jacob étaient enclins aux richesses matérielles, tout comme leur père d'ailleurs. Ils prennent tout ce qu'ils trouvent pour augmenter leurs avoirs[18]. Mais ils prennent également les enfants et les femmes (les orphelins et les veuves). Pour quel but ? Sans doute pour en faire des prisonniers. Les maisons des habitants de Sichem sont fouillées systématiquement et l'on emporte tout ce qui s'y trouve. Nous pouvons parler d'une vengeance aveugle.

S'agissant de Jacob, il réagit en tenant compte de sa propre réputation désormais compromise d'auprès des habitants de ce vaste territoire (v30). Il redoute la réaction des Cananéens et les Phéréziens une fois que ceux-ci seraient informés du massacre perpétré par ses fils. Jacob n'est qu'un humain car il est entrain de redouter les peuples puissants militairement, mais semble oublier toutes les bonnes promesses de YAWH, son Dieu.

Ses fils, quant à eux, n'ont qu'une réponse formulée sous forme de question : « *Traitera-t-on notre sœur comme une prostituée ?* » (hak^{h}zônah → הַכְזוֹנָה ; zônah זוֹנָה = Prostituée). Ce qui transparaît à travers cette réaction, c'est le souci pour Siméon et Lévi de préserver la sanctification, la pureté de toute la famille. Mais, c'est trop tard, car le viol de Dina a bel et bien eu lieu et la réaction est inadaptée. Pourtant, quand on veut sauvegarder les intérêts d'une famille qui entre dans l'Alliance divine, on n'a pas choix. Tel est l'enseignement à tirer de cette expédition punitive, une véritable vengeance aveugle.

Chapitre 35

JACOB ET LES SIENS SUIVRE DIEU

Après plusieurs expériences désastreuses, Jacob entend encore la voix de Dieu, ce qui va bouleverser sa vie. Certes, il s'est débrouillé tout seul là où il est passé, mais le Dieu fort et fidèle ne l'a pas abandonné. Dès le 1er verset, nous lisons : « *Lève-toi, monte à Béthel et y séjourne; et élèves-y un autel au Dieu qui t'apparut, lorsque tu fuyais devant Ésaü ton frère* ». Jacob avait besoin d'un tel réconfort ; il se rend encore copte qu'il ne lutte pas seul. Le verbe utilisé (se lever : קום, *Qoum*) fait penser à une situation de quelqu'un qui est courbé à cause des situations qu'il connaît. Et c'est le cas de Jacob qui marchait courbé suite au désastre provoqué par ses fils à Sichem. Nous pouvons aussi penser au conflit qui l'avait opposé à son frère Esaü, comme cela

---

[18] Un tel agissement peut se comprendre en rapport avec l'alliance conclue entre Jacob et Esaü, une alliance à l'issu de laquelle Jacob a cédé une grosse quantité de son gros et de son menu bétail à son frère jumeau. C'est que Siméon et Lévi font augmenter les avoirs de leur père. Amour des biens matériels ?

est d'ailleurs rappelé dans ce verset. Dieu a donc réconforté Jacob car il avait vu la misère dans laquelle il était plongé. Là où il se posait des questions sur son avenir personnel et celui de toute sa maison, Dieu avait pourvu. Quand il lui demande de se lever, c'est pour que Jacob marche. Or la vie avec Dieu est toujours une marche. Une fois de plus, le Seigneur de l'univers attire l'attention de son serviteur sur le fait qu'il doit compter sur lui et lui seul. Jacob est appelé à quitter Sichem, la ville de la mort, pour aller à Béthel, là où Dieu s'était révélé à lui quelques années auparavant. Il va donc vers la vie, là où Dieu le destine. En fait, Sichem devait être un lieu de transit tandis que Béthel est le lieu de destination finale, car Dieu demande à Jacob d'y séjourner, en lui rappelant comment à cet endroit, il l'avait protégé contre la colère d'Esaü (v1). En même temps, le Patriarche devra y construire un autel (מִזְבֵּחַ : *mizbbéaḥ*) à Béthel. C'est d'ailleurs à cet endroit que Jacob fit un vœu à Dieu (18,20-22). Dieu lui rappelle son Alliance en lui demandant de lui construire un autel. Jacob est donc tenu d'offrir à Dieu des sacrifices car c'est lui qui l'a fait prospérer. Il avait promis de donner la dîme sur ce qu'il obtiendrait. Maintenant, il devra le prouver et faire que le Dieu de ses pères devienne vraiment son Dieu.

35.1. Béthel, la Maison de Dieu

Le v.2 parle de préparatifs pour un voyage dont Dieu seul connaît l'aboutissement. Jacob ne perd pas son temps ; il mobilise toute sa maison car il sait que Dieu honore son Alliance conclue avec les Pères. Si auparavant Jacob n'avait pas pu élever un autel pour offrir des sacrifices à Dieu, maintenant le temps est venu de le faire. Et ce sera à cet endroit où le Seigneur lui était apparu. Et ce lieu est *Béthel*, la Maison de Dieu, בֵּית אֵל.
Avant ce grand départ Jacob s'adresse à tous ceux qui l'accompagnaient et leur demande d'ôter les dieux étrangers du milieu d'eux car il sait que le Seigneur Dieu de l'univers ne tolère pas d'autres dieux (qui d'ailleurs ne le sont pas!) devant sa face[19]. Même si la Loi de Moïse n'était promulguée que durant l'exode du peuple, Jacob est monothéiste. Il sait que tel n'est pas le cas des gens qui voyagent avec lui. Les dieux étrangers, ce sont les théraphins volés par Rachel, ce sont des idoles que Siméon et Lévi ont pu prendre des habitants de Sichem après le massacre de tous les hommes. Ce sont enfin d'autres divinités que vénéraient probablement les serviteurs. Il faut s'en débarrasser, car pour une communion parfaite avec YHWH, il faut se purifier (v.3). Ce geste s'accompagne du changement de vêtements. C'est comme une personne qui vient de se laver ; elle ôte les habits sales et revêt des vêtements propres.

La manière dont Jacob procède ici constitue une véritable confession de foi. Il a reconnu en Dieu celui qui l'a protégé lorsqu'il était dans la détresse. En d'autres termes, il sait que sans cette protection spéciale du Seigneur il n'aurait pu rien faire. Et quand on a une telle reconnaissance envers Dieu, c'est déjà un culte qu'on lui

---

[19] Cela sera spécifié plus tard avec le don de la Loi (Thora), voir Ex 20 et Dt 6. Jacob et les siens doivent honorer le seul vrai Dieu, celui d'Abraham et de Sara, le Dieu d'Isaac et de Rebecca.

rend, une véritable action de grâces. D'ailleurs, lorsque les enfants de Dieu vont en sa présence avec la louange, l'adoration et les actions de grâces, le Seigneur les agrée. Il devient dès lors normal qu'on se rappelle ses bienfaits et qu'on les énumère, même si on n'est pas toujours capable de tout évoquer. C'est donc de cette manière que Jacob nourrissait sa foi (cf. 32,9-12). Il rappelle à Dieu ses promesses.

Après le temps de purification, Jacob est maintenant rassuré que plus rien désormais ne pourra freiner sa marche. Il atteint le lieu de sa destination finale. En arrivant à Béthel (Louz), il sait qu'il est dans le lieu où Dieu s'est fait voir, la maison de Dieu. Il a quitté Sichem, la ville de la mort, pour se rendre à la Maison de Dieu, là où il y a la vie. Là, il retrouve l'ancienne stèle qu'il y avait dressée lorsqu'il était en fuite de devant Esaü. Maintenant il va bâtir l'autel à ce Dieu qui n'a pas oublié son Alliance (v.6-7). L'adoration de Jacob devient efficace lorsque le nouvel autel remplace la stèle. En ce lieu, la mort de Déborah, la nourrice de Rebecca, va affecter toute la maison de Jacob. Son heure a sonné et Dieu l'a recueillie dans sa gloire après une heureuse vieillesse. L'on retiendra d'elle sa fidélité dans le service (cf. 24,59). Son ensevelissement a lieu en dessous de Béthel, tout un symbole pour récompenser sa fidélité. Et le chêne sous lequel se trouve le tombeau est nommé « Chêne des pleurs », v.8[20].

35.2. Renouvellement de l'Alliance

Les v.9-13 racontent comment Dieu renouvelle son Alliance conclue autrefois avec Abraham et Isaac. Jacob y entre également car la promesse du Seigneur est irrévocable. L'apparition de Dieu (théophanie) à Jacob s'accompagne de la bénédiction déjà annoncée. L'on est en présence du déjà vu[21]. Jacob reçoit la grâce de Dieu par la bénédiction dont les termes sont donnés au travers de ce passage :

1° *Par le changement de nom* : Le narrateur répète volontiers ce qui avait déjà eu lieu. Dieu avait changé le nom de Jacob en Israël (cf. 32,29). Nous avons vu combien ce changement de nom devait désormais déterminer le devenir de Jacob. Dieu change donc la condition de son serviteur. Par ce nouveau nom, il lui donne une nouvelle identité. « ... le changement de nom, celui de Jacob, a plus de poids que les autres car Israël n'est pas seulement le deuxième nom de Jacob mais aussi celui du peuple choisi par Dieu. Les liens qui unissent les patriarches entre eux et les liens non moins puissants qui unissent le peuple d'Israël à ses patriarches supposent que le nom d'Israël a également été partagé par Abraham et Isaac »[22]. Jacob passe donc de sa situation de « supplanteur » à celle de « vainqueur de Dieu » ; il est passé de son arrogance à la dépendance du Seigneur.

---

[20] Désormais la famille de Jacob va vivre d'autres expériences douloureuses suite à des cas de décès.
[21] Par exemple, le rappel du nouveau nom donné à Jacob – Israël (cf. 32,28). Seulement, ici Jacob ne reçoit pas ce nom en récompense. Avant, il avait « *lutté avec Dieu et était vainqueur* », mais ici il s'agit d'une bénédiction. Il s'agit sans doute d'une répétition, cas de doublet dans le texte.
[22] J. COSTA, *op. cit.*, p. 57-58. Selon les rabbins, l'existence de relations étroites et profondes au sein du groupe de patriarches implique qu'Isaac avait également un deuxième nom. D'ailleurs, Isaac c'est aussi Abraham et Israël.

2° **Par la confirmation de la toute puissance de Dieu** : Lorsque Dieu dit : « *Je suis le Dieu Tout-puissant* », אֵל שַׁדַּי *'El Shaddaï*, il s'attend à ce que Jacob comprenne et réalise qu'en comptant sur lui, il va lui-même devenir puissant sur la terre. Il veut lui faire comprendre que les « dieux » qu'il va rencontrer en terre cananéenne ne sont pas de vrais dieux. Jacob a tout intérêt à pouvoir s'accrocher au Dieu de l'Alliance, le Dieu de ses pères. Il devra mettre ses enfants et tous ceux de sa maison en garde vis-à-vis des dieux étrangers.

3° **Par les promesses de bénédiction** : Deux grandes promesses sont rappelées dans ce passage :

- Celle de la descendance (v.11) accordée en termes impératifs : « *Sois fécond et multiple-toi* ». Ceci fait penser à la fois à l'ordre donné à Adam et Eve dans le jardin d'Eden (1,28a) et à l'alliance avec Abraham (cf. 12,2-3). Mais il est aussi dit que des rois sortiraient de Jacob, ce qui fait penser à la puissance (v.11b).
- Celle de la terre : Dieu avait donné la terre de Canaan à Abraham et Isaac. A présent, il confirme ce don de la terre à Jacob, héritier légitime des promesses et de l'Alliance. Dieu veut ramener son serviteur vers la terre promise car jusque-là il ne s'y était pas encore installé. Cette promesse s'étendra également à sa descendance. Jacob a vu Dieu ; il l'a entendu lui parler en personne. Il ne lui reste plus qu'à s'impliquer dans l'Alliance pour expérimenter toutes les grâces disponibles.

Dans la suite, il est dit que Dieu s'est levé au-dessus de Jacob à l'endroit, (הַמָּקוֹם, *hammaqôm*) où il lui avait parlé. Cela veut dire qu'à cause de son amour pour Jacob, Dieu était descendu plus bas[23]. Il a béni son serviteur, et à présent il s'élève plus haut. Il va continuer à le protéger, mais Jacob devra à son tour s'élever pour garder sa communion avec Dieu.

Il doit apprendre à regarder plus haut, plus loin, et non pas voir uniquement les choses de la terre (cf. Col 3,1-2). Jacob semble avoir compris le message. Il veut perpétuer le souvenir de cette rencontre par des signes visibles.

1° La stèle de pierre rappelle les autres moments de visitation. Il ne se trompe pas de lieu, mais c'est le lieu où Dieu lui avait parlé. Ce lieu, c'est Béthel, la Maison de Dieu.

2° Il répand une libation sur la stèle car ce lieu est devenu sacré[24]. Cela se concrétise par l'onction d'huile qui traduit la mise à part, la consécration du lieu au Dieu des Pères. Jacob dédie donc cet endroit au Seigneur Dieu une fois pour toutes.

Et la réponse de Dieu face au geste de son serviteur consiste en un rappel de son nouveau nom. Jacob devra se comporter en vainqueur face aux épreuves à venir. Il devra être digne de cette vocation et se rappeler sans cesse qu'une promesse de bénédiction est attachée à son appel (v.15).

N.B : La reprise, par le narrateur, du nom de Béthel n'est pas une simple répétition

---

[23] Ce qui fait penser à l'abaissement de Dieu au travers du sacrifice de son Fils qui s'est anéanti (cf. théologie de la kénose), en devenant semble aux hommes, et paraissant comme un vrai homme (cf. Ph 2,5-11).

[24] C'est la première fois que la Bible fait mention d'une telle pratique. Dans la suite, plusieurs textes en parlent. Le simple lieu (מָקוֹם : *maqôm*) devient un autel (מִזְבֵּחַ : *mizbbéaḥ*).

sans fondement. Il veut insister sur le lieu de cette rencontre qui oriente désormais la vie de Jacob (cf. v.15). Mais il est possible que cette reprise soit simplement une glose (une addition tardive).

35.3. Naissance de Benjamin et mort de Rachel

Après ce long pèlerinage, Jacob et les siens arrivent enfin dans le territoire où avait séjourné Abraham. Ils viennent de vivre des expériences très enrichissantes, mais tout n'est pas fini. D'autres épreuves attendent encore le Patriarche Jacob. Tout près de Bethlehem, Rachel accouche de son deuxième enfant tant attendu. Mais cet accouchement se fait au péril de la vie de la mère. Rachel a appris la bonne nouvelle de la part de la sage-femme : « *Ne crains point, car tu as encore un garçon* » (v.17b). Seulement, Rachel n'aura pas l'occasion d'embrasser le nouveau-né ; elle meurt après l'avoir simplement nommé « בֶּן־אוֹנִי, *Ben – 'Oni*, soit : « *Fils de ma douleur* ».

L'on peut bien comprendre un tel nom de la part d'une femme qui a connu toutes sortes d'humiliations. Mais Jacob change ce nom en בִּנְיָמִין = « *Binyamin* », Benjamin », soit « Fils de ma droite ». Il aurait fallu garder le nom donné par la mère pour perpétuer sa mémoire !

Sur le plan théologique, les deux noms constituent deux aspects du fils : Il est enfant de la douleur, habitué à la souffrance (cf. Es 53,3) ; il est également un vaillant combattant, un vainqueur (cf. Gn 49,27)[25]. L'on comprend assez aisément pourquoi la tribu de Benjamin (celle du premier roi d'Israël après l'installation en terre cananéenne, Saül, 1 S 9-11) fut étroitement liée à celle de Juda (celle d'où sort le Vainqueur, descendant de David, 1 S 16ss ; 1 R 12,21s). Ces deux aspects se retrouvent ainsi rassemblés dans la personne de Jésus de Nazareth, le Roi - Messie.

La mort de Rachel constitue un véritable repos éternel pour cette femme qui a connu beaucoup de souffrances morales (v.19). Son ensevelissement a lieu à l'entrée de Bethlehem – Ephrata, la ville du grand roi David, qui a connu la naissance de Jésus, son Descendant.

v.20 : Jacob réagit de la même manière que quand Dieu lui avait parlé. Il érige une stèle sur la tombe de son épouse en souvenir de la vie passée ensemble. C'est ce que l'on appelle « faire mémoire » de quelqu'un. Rachel meurt pour donner la vie à un enfant (symbolisme du nom que la mère a crié avant sa mort). Jacob ne peut rester à cet endroit. Il avance et dresse sa tente en un lieu dénommé « Tour du troupeau » (*Migdal – Eder*).

Cette fois, le narrateur utilise le nouveau nom donné au Patriarche, Israël. Et là, une nouvelle épreuve attend le « vainqueur de Dieu » (Héros). C'est que Ruben, son fils aîné (de Léa) va commettre une infamie ; il couche avec Bilha, servante de sa tante

---

[25] Ce dernier aspect est évoqué par Jacob mourant lors des bénédictions prophétiques du patriarche, à la fin de ses jours.

Rachel et concubine de son père. Ceci peut se comprendre suite à la promiscuité au sein de la tente dressée par Jacob. Probablement, la tente était exiguë, ce qui aurait donné à Ruben la possibilité d'apprécier le corps (nu) de Bilha. Seulement, même si le texte ne dit rien au sujet de la réaction immédiate d'Israël – Jacob, il n'est pas imaginable que ce dernier ait apprécié un tel acte. Ruben vient de déshonorer ses parents ; il a vu la nudité de son père en découvrant celle de sa concubine. Le texte dit simplement : « *Et Israël l'apprit* ». Mais la réaction du père sera une malédiction à la fin de sa vie (cf. 49,3-4). Là où Israël bénit les autres enfants, Ruben est plutôt maudit.

La dernière section du chapitre 35 constitue une transition destinée à raconter l'histoire de la famille de Jacob. Il y est question du dénombrement (v.23-26) et de l'ultime rencontre de Jacob avec Isaac, son père, peu avant la mort de ce dernier. L'auteur cite, dans l'ordre de leur naissance, les enfants de Jacob en précisant les noms de leurs mères respectives.

S'agissant de la rencontre avec Isaac, elle a lieu à Kiriath-Arba qui est Hébron, et non à Beer-shev'a. Il y a donc eu des déplacements de part et d'autre. A Hébron se trouvaient les tombes d'Abraham et de Sara. Isaac y est venu pour y être aussi enseveli. Ce qui deviendra désormais une tradition.

Enfin, il y a également évocation de l'ensevelissement d'Isaac par ses deux fils jumeaux, Esaü et Jacob. L'histoire ne fait que se répéter : Comme ce fut le cas à la mort d'Abraham – il fut enterré par Isaac et Ismaël – les deux frères ennemis s'unissent pour rendre un dernier hommage à leur père. Mais après ce temps d'union « forgée » par les circonstances, chacun va retourner dans son coin. Des deux frères naîtront d'ailleurs deux peuples hostiles l'un envers l'autre (les Israélites et les Edomites). Comme quoi, le narrateur avait toutes les raisons de les présenter déjà en opposition à la naissance.

Chapitre 36

GÉNÉALOGIE D'ESAÜ

Pour concrétiser le vœu d'Isaac, l'auteur passe en revue les descendants d'Esaü, les Edomites. Il veut ainsi amener les lecteurs à réaliser que c'est d'Esaü qu'est sorti le peuple hostile à Israël. Là où les deux frères avaient entretenu un grand conflit, et malgré le semblant de réconciliation, deux peuples ennemis sont nés. Et même les Amalécites (Amalek) descendent d'Esaü, c'est-à-dire Edom se sont souvent alliés aux Edomites pour combattre Israël. L'on peut dès lors comprendre les différentes situations conflictuelles entre ces deux peuples.

Signalons d'ailleurs quelques anachronismes sur cette liste de descendants d'Esaü :
- v.1-5 : Les noms de femmes d'Esaü diffèrent de ceux cités en 26,34 et 28,9. Ici, il est question de Ada, Oholibana, Basmath Ada, fille d'Elon, le Héthien Basmath, fille d'Elon, le Héthien ; Oholibana, fille d'Ana, fille de Tsibéon, le Hévien = ? Judith, fille de Béeri, le Héthien ?

- 26,34 : Judith, fille de Béeri, le Héthien ; Basmath, fille d'Elon, le Héthien
- 28,9 : « Outre les femmes qu'il avait (26,34), Esaü prit Mahalath, fille d'Ismaël, fils d'Abraham, sœur de Nebajoth ».

On suppose que ce sont les mêmes épouses, avec changement de noms. Mais cette fois, la séparation entre les deux frères devient définitive car Esaü a choisi de s'exiler du côté de la montagne de Seir. La raison de cette migration est donnée aux v.6-7 : Esaü veut habiter tranquillement, loin de son frère Jacob. Comme quoi, le mal était déjà fait et il n'y a pas eu de vraie réconciliation. Ce genre de souvenir douloureux ne quitte pas le cœur de la personne meurtrie. Ce sont des blessures qui ne se cicatrisent pas facilement. Cela étant, Esaü décide de s'en aller afin de s'organiser autrement. Il ne veut se laisser dominer par Jacob sous aucun prétexte. Bien au contraire, en allant s'installer ailleurs, l'occasion lui était donnée de pouvoir s'organiser pour devenir une nation puissante. Telle parait être la principale raison de cette séparation.

Mais une deuxième raison est aussi évoquée : Il n'y avait pas suffisamment d'espace pour les troupeaux de gros et petit bétails des deux frères. Il a donc fallu prendre toutes les dispositions utiles pour éviter un autre conflit. Ceci nous ramène au récit d'Abraham et Lot. Seulement, là il était question d'une séparation consentie entre les deux parties, alors qu'ici l'histoire ressemble à une révolte qui fait mémoire de la tricherie de Jacob.

En outre, cette séparation rappelle également celle de Laban et Jacob. On peut éviter un conflit en dialoguant sincèrement, et ainsi emprunter le chemin de la réconciliation. Mais si les conditions risquent d'empirer, alors la séparation pourra être envisagée. C'est du moins ce que nous apprenons des récits de conflits dans la Genèse. Enfin, les descendants d'Esaü sont à la tête de tribus au pays de Séir. Citons-les par ordre : Eliphaz (v.15-16), sept chefs dont aussi Amalek – Rehuel (v.17), quatre chefs, Oholibama (fille ? femme ?) d'Esaü (v.18-19) ; trois chefs. D'autres peuples sont cités aux v.20s, mais il y a aussi quelques cas où les mêmes noms sont repris çà et là.

Quant aux rois qui régnèrent dans le pays d'Edom, ce sont : Béla (v.32), Jobab (v.33), Huham (v.34), Hadad (v.35), Samla (v.36), Saül (v.37), Baal-Hanan (v.38), Hadar (v.39). En tout huit rois régnèrent sur Edom avant l'instauration de la monarchie en Israël[26].

Signalons enfin que Jacob va habiter en terre cananéenne, le pays de la promesse, là où coulent le lait et le miel.

---

[26] C'est dire qu'Edom avait acquis l'expérience de la royauté bien avant Israël. L'histoire montrera que YHWH seul a pu délivrer Israël chaque fois qu'il devait remporter des victoires. Humainement, il était impossible au peuple issu de Jacob de devenir puissant.

SECTION VII

HISTOIRE DE JOSEPH LE VISIONNAIRE

(Chap. 37 - 50)

La longue histoire de Joseph est racontée avec beaucoup d'emphase. Elle met l'accent sur la situation conflictuelle au sein de la famille de Jacob. C'est le récit d'un drame qui se déroule au sein de cette famille dans son ensemble. Il s'agit d'un conflit provoqué d'une part par le favoritisme du père, et d'autre part par la jalousie des frères vis-à-vis de Joseph. Le narrateur fait dérouler l'histoire entre Canaan et l'Egypte. La famille de Jacob devra passer d'un pays à l'autre. Mais la grande partie de l'histoire se déroule en Egypte (ch. 39-50). Et Joseph va jouer un rôle de premier plan à la fois face à ses frères et à son père.

Chapitre 37

JACOB ET SES FILS

Dès le premier verset, le lecteur est situé géographiquement sur le lieu d'habitation de la famille de Jacob. L'on comprend l'intention du narrateur : Faire comprendre aux auditeurs (lecteurs) que Jacob ne s'écarte pas de la tradition ancestrale car il est bien l'héritier de la promesse de bénédiction faite jadis à Abraham et renouvelée à Isaac. Ce qui est à l'opposé d'Esaü qui, lui, habite loin de la terre de Canaan. La séparation est bien consommée.

Après cette brève présentation de lieu, l'auteur annonce le résumé de l'histoire de Jacob, donc ses engendrements (תֹּלְדוֹת : tol^{e}dôth), mais en mettant l'accent sur Joseph présenté comme le héro de la saga.

Toutefois, « le vieux Jacob ne se fait pas oublier pour autant dans l'histoire de Joseph : il occupe une place importante dans les considérations de ses fils, lorsque s'engage et progresse le jeu des aller-et-retours entre Canaan et l'Egypte, la mise en scène subtilement arrangée des exigences de Joseph qui demandera jusqu'au renoncement provisoire du patriarche à son fils dernier-né. Le stratagème vise la réunion, en Egypte et d'abord sans leur père qui doit s'effacer, des douze fils de Jacob : l'enjeu principal de ces chapitres, c'est l'unité du lien entre Joseph et tous ses frères »[27]. Il est d'ailleurs dit : « *Voici les engendrements de Jacob* » (2a), puis, d'une manière abrupte et sans transition : « *Joseph, âgé de dix-sept ans…* »[28].

---

[27] Ch. UEHLINGER, in *JACOB: Commentaire à plusieurs voix de Gen. 25-36, op.cit*, p. 304.
[28] S'agit-il d'un oubli ou d'un texte mal conservé ? Une telle présentation est susceptible de dérouter les lecteurs.

37.1. Amour-haine des frères de Joseph

Joseph est avec ses frères dans les champs pour paître le troupeau. Les fils de Bilha et de Zilpa sont appelés ici « ses frères », comme quoi ils ne seraient pas ses ennemis. Les fils de Bilha (Dan et Nephtali) et ceux de Zilpa (Gad et Aser) ne semblent pas jouer un mauvais rôle dans le récit, en comparaison avec ceux de Léa, sœur de Rachel. Seulement, il est dit que Joseph n'approuvait pas leur mauvaise conduite (דִּבָּתָם רָעָה, *dibbatʰam ra´ah* = mauvais propos), de sorte qu'il racontait cela à Jacob, son père (v.2). Le texte ne précise pas en quoi consistait cette mauvaise conduite des frères. Mais une indication est donnée au v.3 : « *Et Israël aimait Joseph plus que tous ses fils… et il lui fit une tunique bigarrée* », כְּתֹנֶת פַּסִּים *kᵉtʰonèth passîm* (ou tunique de plusieurs couleurs). L'on peut comprendre que Jacob est présenté ici comme faisant le favoritisme. Pour rappel, lui aussi était le préféré de sa mère Rebecca. Le traitement de faveur qu'il accorde à Joseph est, selon le v.4, à la base d'un conflit entre les enfants nés des mères différentes. En fait, le favoritisme ne peut jamais être susceptible de maintenir l'unité familiale ni les liens de fraternité (ou de fratrie). Dans le cas des enfants de Jacob, la réaction consiste à haïr Joseph. Puisque le père ne peut être critiqué en face, c'est le fils bien-aimé qui devra supporter les attaques des autres frères. Joseph est haï car c'est sur lui que repose toutes les faveurs du père. On le voit même déjà comme le principal héritier.

Il existe plusieurs manières de traduire la haine. Elle peut s'exprimer par des mots violents, par un comportement agressif ou par des faits et gestes de mépris. Les frères de Joseph ne pouvant pas supporter ce qu'ils considèrent comme une injustice flagrante, murmurent leur haine et leur colère en attendant qu'arrive le moment favorable pour tirer leur vengeance sur lui.

37.2. Les songes de Joseph mis en exergue

Un deuxième motif de la haine est donné aux v.5-10(11). Il s'agit bien entendu de songes qui hissent Joseph au-dessus de ses frères. D'ailleurs, Joseph raconte ses songes à la fois à on père et à ses frères, avec probablement un peu d'arrogance et de fierté personnelle (orgueil). Voici le contenu du premier songe: « *Nous nous trouvions au milieu des champs à lier des gerbes; et voici que ma gerbe se dressa et se tint debout, et que vos gerbes l'entourèrent et se prosternèrent devant elle* » (37,7, TOB).

A travers ce verset, on pourra remarquer deux temps forts : l'élévation de la gerbe de Joseph et l'abaissement des gerbes des frères.

« La gerbe de Joseph est le sujet de deux modes d'action : elle se 'leva' (*qmh*) et se 'tint debout' (*wgm nsbh*). Les gerbes des frères sont aussi le sujet de deux formes verbales : elles 'entourèrent' (*tsbynh*) et 'se prosternèrent' (*wsthwyn*) devant la gerbe de Joseph. Ce mouvement de se dresser et se pencher appliqué au monde végétal a une portée symbolique dans l'iconographie du Proche-Orient ancien : les rois sont souvent représentés avec une fleur de lotus à la main, symbole de vie et de pouvoir »[29].

Ceci préfigure l'élévation de Joseph en Egypte, car après tout les frères se prosterneront devant lui pour implorer ses grâces (42,6.30.33 ; 45,8.9.26). Cette interprétation est aussi valable pour le v.9 où l'on voit le soleil, la lune et onze étoiles se prosternant devant Joseph. Mais ici, le père s'ajoute à la liste des dominés. Une question mérite d'être posée : Si la lune représente la mère, de quelle mère s'agit-il ici sachant que Rachel (la mère de Joseph et Benjamin était déjà morte) ? Autrement, s'agit-il plutôt de Léa ? D'autre part, dire que Joseph dominera également sur ses propres parents n'est pas une situation normale. On risque dès lors d'arriver à une sorte de négation de la paternité et de la maternité.
Malgré la réaction du père le dialogue n'est pas interrompu. Les frères s'éloignent car ils vont paître le troupeau de leur père, mais Joseph et Benjamin restent auprès du père. Jacob veut encore garder Joseph auprès de lui car il semble redouter une mauvaise réaction des autres enfants. Déjà leur éloignement constitue probablement une révolte de ces derniers. Seul Jacob va chercher à renouer le dialogue. Raison pour laquelle il envoie Joseph à la recherche de ses frères.

Tous lui en veulent, même ses parents : « *Tu veux donc dire que tu vas dominer sur nous et que nous allons nous prosterner devant toi ?* »(v.5). Ce songe est présenté sous une forme imagée, mais l'image ne pose aucun problème d'interprétation d'auprès des frères de Joseph, car elle concerne bien un problème de domination. La gerbe de Joseph se tient debout tandis que celles de ses frères viennent l'entourer et se prosterner devant elle. C'est clair, Joseph parle de sa position dominante dans un avenir proche. C'est là un vrai motif de se faire haïr davantage. Mais pouvait-il faire autrement que de raconter ce qui lui a été révélé ? Joseph est décrit ici comme un naïf car il se confie encore à ses frères même si ceux-ci le haïssent (v.7-8). Il est accusé de présomptueux par les frères. Néanmoins, pour lui il s'agit de visions qu'il reçoit simplement et qu'il raconte sans chercher à les analyser. Mais pour les frères, Joseph traduit ses propres rêves de devenir grand et de dominer sur eux tous.
D'ailleurs, le deuxième songe vient renforcer cette idée de domination, mais cette fois, même les parents sont dominés[30]. Et là, personne ne peut accepter de tels propos. Joseph se présente comme un vrai innocent qui ne mesure pas la gravité des propos qu'il tient. Son seul souci demeure de raconter sans commenter, ce qui lui est révélé. Il est moins préoccupé par la manière dont ses visions vont s'accomplir que par la réalité même des songes. De toute façon, cela ne semble nullement une invention même si les frères et le père ne le conçoivent pas ainsi. Ce qu'il a vu en deuxième

---

[29] A. DA SILVA, *La symbolique des rêves et des vêtements dans l'histoire de Joseph et de ses frères*, Québec, Fides, 1994, p. 67.
[30] Le narrateur ne fait pas attention au fait que Rachel n'est plus vivante. De quelle mère aurait pu parler Jacob dans sa réplique ?

lieu dépasse l'entendement : Le soleil, la lune et onze étoiles se prosternent devant lui. Le soleil, on le sait, représente l'ensemble du système solaire. Et s'il désigne le père, c'est en raison de son rôle dans la famille. C'est lui qui gère en premier tout ce qui touche à la vie familiale. La lune, c'est la mère (sans doute Léa) : Elle représente la deuxième force dans la famille et dépend du soleil. Les étoiles, ce sont les onze frères.

Mais il est dit que l'ensemble du système solaire s'est prosterné devant lui. C'est que, d'après ce songe Joseph dominerait sur tout le monde. Alors là, il y a lieu de penser à la fameuse tunique bigarrée. Le père ne savait il pas que cette tenue spéciale pouvait être susceptible de créer en Joseph un sentiment de supériorité vis-à-vis de ses frères ?
Il est dit que le père n'a pas pu tolérer ce qu'il considère comme une arrogance (v.10). Même s'il garde tout ce que le fils lui raconte, les frères avaient déjà projeté de lui faire du mal (v.11). Au lieu de punir le père, ce qui serait impensable, c'est sur Joseph que se déchaîne toute leur colère.

37.3. La haine qui produit la mort

La deuxième unité textuelle (v.12-13) raconte la mise à exécution, par les frères de Joseph, d'un projet de meurtre contre ce dernier. Les frères sont à Sichem où ils paissent le troupeau de Jacob, leur père à tous. Mais Joseph n'est pas avec eux. On peut penser que Jacob cherchait encore à garder son fils auprès de lui dans le but de le soustraire à la colère de ses frères. Et quand il l'envoie auprès d'eux, c'est dans le but d'avoir leurs nouvelles. D'ailleurs, le père semble implorer Joseph (voir le terme *na'* qui marque l'insistance « Je te prie… », v.14) : לֶךְ נָא רְאֵה אֶת שְׁלוֹם אַחֶיךָ *Lèkh^e-na' r^e'éh 'èth-sh^{e}lôm 'aḥèykha*, « va, je te prie, voir la paix de tes frères », c'est-à-dire comment ils vont (s'ils sont en bonne santé). Joseph pense probablement à la réconciliation, mais il semble également réconforté par ses rêves d'autrefois, confiant en lui-même. Il se rend auprès de ceux qu'il reconnaît comme ses frères, sans se douter de quoi que ce soit. Et quand il se perd quelque part dans les champs, il est rencontré par quelqu'un, un inconnu qui l'oriente vers ses frères. Cette personne a répondu à la préoccupation de Joseph qui a parlé de ses frères. Comme quoi, il croyait naïvement à la fratrie, sans soupçonner le mal. L'homme qui rencontre Joseph joue un rôle de première importance car c'est lui qui oriente l'enfant pour qu'il ne se perde pas. Il connaît parfaitement le souci de Joseph avant même que ce dernier le lui dise clairement. Cet homme étrange ne serait-il pas un être céleste comme on le voit dans le récit de la vocation de Saül où Samuel le voyant, lui avait parlé des ânesses de son père avec une extrême précision ? La réponse de cet homme mystérieux consiste à indiquer l'endroit. Il utilise le pronom démonstratif *zéh* [31]. Quant à Joseph, il veut

---

[31] Un petit calcul de la valeur numérique de ces deux lettres hébraïques donne les chiffres suivants : *zaïn* = 7 + *hé* = 5, donc nous revenons au chiffre de la fratrie qui est 12 (nombre des fils d'Israël donc).

simplement voir ses frères par obéissance à son père. Et il va les retrouver à Dothan[32]. Joseph est allé au-delà du lieu indiqué par le père. Son but était de voir ses frères coûte que coûte. C'est lui qui les cherche, mais eux ne le cherchent pas car leur éloignement semblait être la solution pour ne pas accepter de se laisser dominer ni diriger par un gamin. Ils lui en veulent à mort.

Lorsque les frères l'aperçoivent, ils le désignent par l'expression « *faiseur de songes* » בַּעַל הַחֲלֹמוֹת, (ba□al haḥalomôth) car ils avaient déjà arrêté leur projet de lui faire du mal (v.18-19). La méchanceté s'était déjà installée dans les cœurs, et la suite ne sera qu'un accomplissement de l'arrêt. Mais il faudra se concerter sur ce qu'il convient de faire à ce jeune homme qui dérange. Notons que les dix frères étaient plus âgés que Joseph.

Dès le v.20 se précise la résolution de le tuer, c'est-à-dire de le faire taire à jamais. S'il meurt, il ne saura plus porter de tunique bigarrée ni raconter ses visions consistant à dominer. Puisque les frères n'ont vu en lui qu'un faiseur de songes (donc un songeur), ils n'ont eu aucune peine de pouvoir le tuer. Tout est organisé : Que Joseph soit mis à mort, que son corps soit jeté dans une citerne (הַבּוֹר / הַבֹּרָה, *habborah / habbôr*)[33] et que l'on dise au père qu'une bête féroce (חַיָּה רָעָה, *ḥayyah ra'ah*) l'a dévoré. Mais la bête féroce, c'est eux car ils tuent dans leurs cœurs leur propre frère. Le reste ne sera qu'exécution du projet du cœur[34]. Mais il y a une proposition qui retient l'attention de tous et à laquelle ils se joignent : Que Joseph soit jeté dans une citerne en plein désert. Ruben est présenté comme celui qui voulait délivrer Joseph des mains des frères. Mais proposer de le jeter dans une citerne sans eau, en plein désert, c'est autant le tuer, même à petit feu. Dans cette citerne il fait très chaud et il y a danger qu'il soit complètement déshydraté. Et puis, la citerne peut jouer le rôle d'une tombe.

La proposition de Ruben n'arrange pas non plus les choses car tous les autres ne peuvent pas quitter les lieux et laisser Ruben sur place. L'idée de faire mourir Joseph par n'importe quelle méthode fait l'unanimité. Et lorsqu'il atteint finalement ses frères, il est dépouillé de sa tunique bigarrée, objet de toutes les convoitises, puis jeté au fond d'une citerne, sans pitié. Personne n'ose lever le petit doigt pour contredire les autres frères de peur de subir le même sort. Personne ne pouvait penser à la fatigue accumulée par Joseph suite à sa longue marche, et personne n'a pu chercher à s'informer au sujet de leur père à tous ni demander des nouvelles de Benjamin. Et ce qui témoigne de cette volonté délibérée de faire disparaître coûte que coûte Joseph, c'est aussi le festin, la nourriture que les frères prennent sur les mêmes lieux : « *Ils s'assirent ensuite pour manger* ».

---

[32] C'est aussi le lieu de refuge du prophète Elisée lorsqu'il était recherché par le roi des Syriens (2 R 6,13).
[33] Ici le terme hébreu pour « citerne » est repris d'abord au féminin, puis au masculin singulier. Ce mot fait exception en Hébreu ; il est à la fois masculin et féminin. D'ailleurs au v.20, il est au féminin pluriel, הַבֹּרוֹת (*habborôth*), d'où la traduction "*une des citernes*" ou « *quelque citerne* ».
[34] Jérémie 17,9-10 dit: « *Le cœur est tortueux par-dessus tout, et il est méchant : Qui peut le connaître ? Moi, l'Eternel, je sonde les reins, pour rendre à chacun selon ses voies, selon le fruit de ses œuvres* ».

Ce repas symbolise ici le soulagement des frères. Ils fêtent la disparition de Joseph ; ils célèbrent une « victoire » sur les songes qui les gênent. Quelle insouciance !
Pendant qu'ils se réjouissent de la mise à mort de leur frère, il y a des marchands ismaélites – donc des descendants d'Abraham et d'Agar l'Egyptienne – qui passent leur chemin en caravane. Ceux-ci ont des chameaux chargés de produits servant à l'embaumement des corps : aromates, baume et myrrhe.

37.4. Joseph vendu aux marchands arabes

Pendant que Ruben s'était écarté du groupe pour chercher comment faire sortir Joseph de la citerne, c'est Juda qui avance une autre proposition consistant à vendre le frère aux passants, pourvu qu'il soit éloigné. Sa façon de présenter les choses (v. 26-27) n'est pas non plus susceptible de récupérer Joseph. La mise à mort a été arrêtée. Même si Juda parle de Joseph en termes de « *notre chair* » et « *notre sang* », son comportement n'est pas différent de celui des autres frères.
Ici se pose une question d'interprétation : A qui a-t-on vendu Joseph ? Aux Ismaélites ou aux Madianites ? Il y a deux manières possibles de résoudre cette énigme. Soit que les Madianites et les Ismaélites faisaient route ensemble, soit que l'auteur parle des uns comme des autres en tant qu'un même peuple. Dans ce cas, ils seraient synonymes, donc un même peuple. Mais pour ne pas en rester là, nous nous pencherions vers la première hypothèse.

Après avoir fait sortir Joseph de la citerne, il est vendu pour vingt sicles d'argent pour qu'il soit fait esclave en Egypte. Pour les frères, l'affaire est close ; Joseph ne va plus leur casser la tête avec ses visions. Ruben, qui avait conçu le projet de faire évader Joseph, revient à la citerne et s'étonne de ne pas le trouver dedans. Alors, il déchire ses vêtements[35] en signe de deuil, et se lamente : « *Et moi, où irai-je ?* » - וַאֲנִי אָנָה אֲנִי־בָא (*wa'anî 'anah 'anî-b^ha*') - « *Que dois-je dire à mon père ?* ». Il fait de ce drame une affaire personnelle. Avec les autres frères cependant, ils vont trouver une solution qui rappelle malheureusement leur méchanceté.
Ils utilisent le sang d'un bouc et imbibent la tunique de Joseph pour faire croire à leur père qu'une bête sauvage l'aurait tué.
Ce plan témoigne justement les pensées consistant à verser le sang de leur frère. En fait, pour eux, Joseph n'existait plus ; ils se sont eux-mêmes comportés en véritables fauves. La bête féroce dans le cas d'espèce, c'est chacun d'entre eux. Mais ils n'ont aucune peine à trouver quelqu'un qui accepte d'amener la tunique imbibée de sang à leur père Jacob. Le mensonge est bien habillé. Les frères savent exactement ce qui est arrivé, mais ils disent délibérément du mensonge : « *Voici ce que nous avons trouvé ! Reconnais si c'est la tunique de ton fils, ou non* » (v.32). En fait, un menteur est toujours une personne qui, connaissant la vérité, dit le contraire de ce qu'il reconnaît

---
[35] וַיִּקְרַע אֶת־בְּגָדָיו : *wayyiqra' 'eth-b^gh ad^hayw* : Le fait de déchirer ses vêtements est un signe de grand désespoir. Dans le cas qui nous préoccupe, Ruben est désemparé du fait qu'il ne retrouve pas Joseph dans la citerne. Sans doute, il n'était pas informé de la transaction qui venait d'avoir lieu.

comme vrai. Ainsi, il est capable de manipuler plusieurs autres personnes en faisant passer son mensonge et en retenant la vérité captive. Ici, les frères présentent évidemment la tunique de Joseph à leur père, mais le sang n'est pas de lui. Aujourd'hui, on n'hésiterait pas à faire un test ADN !

Jacob va faire le deuil de son fils (V.34), car ses autres enfants l'ont ainsi décidé. On le laisse dans cette souffrance sans état d'âme ; fils et filles viennent l'accompagner. La dissimulation de ses propres fils a bien fonctionné ; ils ont réussi à jouer la comédie, une comédie de très mauvais goût. Jacob n'y comprend rien ; il n'accepte aucune consolation tellement sa peine est grande. Il a donné le mieux qu'il a pu pour élever Joseph, l'aimant même plus qu'aucun autre enfant. Et voilà que Joseph n'est plus là. Jacob pense qu'il a mal fait d'envoyer son fils bien-aimé à la recherche de ses frères. Il ne se pardonne pas une telle imprudence, et voit déjà sa mort prochaine. Il espère rejoindre le plus tôt possible son fils chéri dans le séjour des morts (v.35).
Enfin, le v.36 introduit les épisodes du séjour de Joseph en Egypte. Ce verset constitue une bonne transition pour les chapitres 39-5O. Mais avant d'en arriver là, le narrateur introduit, sans doute intentionnellement, un autre récit au cœur de l'histoire de Joseph. Ce qui est raconté au chapitre 38 est destiné à attirer l'attention sur une injustice que subit Tamar par la faute de Juda.

Chapitre 38

LA CULPABILITE DE JUDA

L'épisode de la culpabilité de Juda est introduit au cœur de l'histoire de Joseph[36]. Il s'agit de descendants de Jacob nés de deux épouses, enfants d'un même père, Laban.

38.1. Juda chez les Cananéens

Dès le premier verset, nous sommes introduits dans un récit qui concerne le mariage de Juda. Son éloignement peut être interprété comme une fuite de responsabilité. Il s'éloigne même du père qu'il laisse dans une grande souffrance. Son comportement est égoïste car il ne pense qu'à lui ; il veut tourner la page après le coup fait à Joseph et au père. Il sait que désormais Jacob ne pourra plus apprécier ses fils devenus des mercenaires. Une fois au pays des Cananéens, Juda épouse une fille cananéenne nommée Schua. Il est entrain de conclure une alliance avec un peuple aux pratiques idolâtres. D'emblée, on est en présence de récits émouvants qui donnent une bonne explication des conséquences des unions prohibées par Dieu. Juda doit avoir séjourné en terre cananéenne des années durant. Même si le narrateur n'en donne pas le

---

[36] Il est possible d'aborder le chapitre 38 avant le 37ème pour raison d'harmonie, sans en altérer le but théologique et/ou historique. Ainsi, l'histoire de Joseph peut être lue sans discontinuer. Quant à nous, nous préférons suivre l'ordre des chapitres tels que présentés dans le canon biblique.

nombre, on sait que ses deux premiers fils ont pu atteindre l'âge de mariage. Er, l'aîné de Juda, épouse une fille cananéenne et veut perpétuer une certaine tradition. Seulement, il ne marche pas dans les voies du Seigneur, pour sa perte. Il est dit que Dieu a fait mourir le premier fils de Juda à cause de sa mauvaise conduite.
Le récit ne donne pas de précision sur cette méchanceté devant Dieu (v.7). Mais, le salaire du péché étant la mort, (Rom 6 : 23), Er meurt jeune et sans enfant. Dieu n'a pas agrée sa conduite et l'a fait mourir.

De même, Oman, qui hérite de Tamar, se comporte de manière à se souiller à terre. C'est qu'il répandait sa semence à terre pour ne pas susciter une postérité à son frère aîné. Il s'agit là d'un comportement égoïste que le Seigneur n'agrée pas, lui qui voit les intentions cachées. Il aurait aimé avoir une postérité à lui, pas à on frère. Voilà pourquoi le Seigneur le fit aussi mourir (v10).
Dieu a sondé les pensées du cœur d'Oman et a trouvé qu'elles étaient mauvaises. En faisant mourir Er et Oman, Dieu voulait donner une leçon à Juda car ce dernier s'était comporté comme en homme de chair. Il ne emble pas avoir tiré de leçon. Au contraire, il persiste dans sa vision des choses. Ainsi, il demande à Tamar de retourner à la maison de son père en attendant que son dernier fils, Schéla atteigne l'âge mûr. Tamar ne lui rétorque pas ; elle s'éloigne et retourne dans sa famille avec l'espoir de devenir plus tard l'épouse de Schéla. Quant à Juda, il ne demande pas la volonté de Dieu car il a ses projets pour don dernier fils (v11).

38.2. La ruse de Tamar

Juda a perdu ses deux premiers fils dans des conditions pas du tout agréables. Cette fois-ci, c'est son épouse, Schua, qui meurt d'une mort naturelle. Et il faut du temps pour se remettre de ses émotions. Juda peut, maintenant qu'il est consolé, sortir pour aller à Thimna accompagné de son ami Hira. Mais sa belle-fille Tamar est mise au courant de cette visite, et elle imagine une astuce pour se venger de son beau-père qui ne semble pas disposé à lui donner Schua pour époux. Elle se déguise en prostituée afin de tendre un piège à Juda, homme de chair. Tamar sait exactement par où Juda devra passer, et elle se met au bord du chemin comme une bête féroce qui attend le passage d'une proie. Quelle ruse ! Connaissait-elle probablement la faiblesse de son beau-père ? C'est ce que semble indiquer toute cette stratégie (cf. v.13-14).
Toutefois, le verset 14 donne une indication précieuse : Juda ne semble pas avoir honoré sa parole. Pourquoi n'a-t-il pas rappelé Tamar pour la donner à Schéla qui pourtant avait atteint l'âge pour se marier ?

Tamar a donc redouté que les années passent sans qu'elle ait de progéniture. Or Juda ne pouvait pas imaginer un seul instant que la femme au bord de la route fût Tamar. Normalement, elle aurait dû garder un accoutrement d'une vraie veuve. Juda est donc attiré vers une « prostituée » (v.15). Il ne force pas; bien au contraire, il parle à la jeune femme avec tendresse. Celle-ci consent à accueillir Juda chez elle pourvu qu'il lui donne quelque chose en gage. Et Juda n'hésite pas à lui remettre ce qu'elle réclame en attendant l'accomplissement de la promesse de chevreau (v.16-18). Tamar a réclamé tout ce qui pourrait constituer des preuves irréfutables de l'infamie commise par son beau-père : le cachet, le cordon, et le bâton (חֹתָמְךָ : ḥot^{h}am^{e}k^{h}a, ton cachet ; וּפְתִילֶךָ, ouph^{e}thîlèk^{h}a, et ton cordon ; וּמַטְּךָ, oumat^{e}k^{h}a, et ton bâton). Tout un symbole !

En accédant à la demande de Tamar, Juda vient de tomber dans un piège profond comme le montrera plus tard l'épilogue de cette affaire. Cela étant, quelque chose vient de se passer ; Juda est allé vers Tamar, et cette dernière qui se savait en période de fertilité, vient de concevoir (v.18b)[37]. Et comme Tamar a bien réussi son coup, elle se lève et revêt le vêtement de son veuvage.

Dans la suite, quand Juda envoie le chevreau par son ami Hira afin de reprendre son gage, la fameuse prostituée avait disparu. Les habitants d'Enaïm ne reconnaissent pas la présence chez eux d'une telle femme. En fait, Tamar doit avoir suivi toutes les velléités de cette affaire. Même si elle avait aperçu Hira, l'envoyé de Juda, elle n'avait aucun intérêt cette fois de se présenter comme une femme de mauvaise vie. Alors l'envoyé retourne faire son rapport après s'être rendu compte qu'une telle recherche n'aboutirait à rien de concret. Il est même surprenant que l'on cherche une prostituée en posant la question à tout le monde. Juda avait conclu le marché en pleine nuit. Quand paraît le jour, il n'ose pas retourner chercher la fameuse prostituée. Il est donc gêné, ce qui explique l'envoi de Hira avec le chevreau. Mais le plus inquiétant, c'est d'imaginer les conséquences consécutives au raté (cf. v.23). Juda redoute que la chose fût mise au grand jour; il est très inquiet.

38.3. Épilogue (v.24-30)

Trois mois s'étaient écoulés depuis que Juda avait eu des rapports intimes avec sa belle-fille Tamar. Entre-temps, quelque chose de bizarre venait de se produire : Tamar s'était retrouvée enceinte. Des curieux viennent faire des ragots à Juda : « Ta belle fille s'est prostituée, et voici, elle est même enceinte par la prostitution » (v.24). Juda veut vite juger cette affaire qui paraît inacceptable à ses yeux. Tel est pris qui croyait prendre ! Juda ne sait pas qu'il va bientôt tomber dans son propre piège. Comble de malheur, c'est lui qui prononce la sentence : « Faites-la sortir, et qu'elle soit brûlée » (24b). Juda a jugé sa belle-fille car celle-ci était encore à la disposition de son fils cadet[38]. Mais dans le cas présent, le coupable c'est celui qui a laissé son cachet, son cordon et son bâton de pèlerin. Tamar ne veut pas mourir seule. Que le juge soit l'accusé ! Juda ne peut que s'humilier ; il vient de reconnaître les objets en question, et il en est confus. Et sa confusion est exprimée au travers de sa confession : « Elle est plus juste que moi » (26a). Juda a compris la raison pour laquelle Tamar s'était

---

[37] Rien n'est dit à propos du nombre de jours que Juda était resté chez Tamar. Probablement une seule nuit ; autrement, il aurait pu se rendre à l'évidence que c'était sa bru.
[38] Plus tard, le livre de Lévitique précisera le sens d'un tel châtiment : « *Si la fille d'un sacrificateur se profane en se prostituant, elle profane son père ; elle sera brûlée au feu* » (Lv. 21,9).

comportée de cette manière. C'est que la parole donnée n'était pas tenue. Tamar s'attendait à devenir la femme de Schéla, mais les choses ne se sont pas passées de la sorte. C'est là que l'on voit le rôle de la parole donnée. En fait, une parole non tenue a le désavantage de ternir l'image de celui ou de celle qui l'a donnée. Dans le cas de Juda, la confusion est grande et à la mesure de la supercherie. Qu'a-t-il craint pour honorer sa promesse ? Ce qui paraît plus que probable, c'est la crainte de voir son dernier fils subir le même sort que ses frères aînés, pour la même femme. Mais il suffisait de le dire clairement à Tamar, ou plutôt de la libérer simplement en la retournant chez son père. Le pari était bien risqué ; Juda ne peut que se condamner, car il n'a pas tenu parole. Désormais les choses vont se passer autrement car il ne peut pas prendre Tamar pour femme[39].

La suite du récit décrit les conditions de naissance des enfants issus de l'union Juda – Tamar. Il s'agit de jumeaux que la sage-femme cherche à identifier. Le premier sort sa main et est lié par un fil écarlate, mais il ne sort pas du ventre de Tamar comme aîné. C'est plutôt son frère qui vient au monde le premier.

L'étonnement de la sage-femme l'amène à attribuer à chacun d'eux un nom traduisant leur condition à la naissance. Celui qui sort en premier est appelé Pérets (Brèche), v.29b : « *Quelle brèche tu as faite !* ». En d'autres termes, comment as-tu fait pour sortir en premier ? Quant à son frère, il reçoit le nom de Zérach, soit « lever » ou « aurore », cf. Es 60,1-3. Le récit nous ramène au temps de la naissance d'Esaü et de Jacob, une naissance qui marque une autre situation.

Chapitre 39

JOSEPH CHEZ PUTIPHAR

L'Egypte, pays d'épreuves pour Joseph. C'est fait, Joseph est vendu comme esclave par ses propres frères. Il est privé de toute liberté. Et puisqu'il est pratiquement devenu « une marchandise », ses acheteurs (Ismaélites / Madianites) le vendent à leur tour à un homme influent en Egypte, Putiphar[40].

Putiphar accueille Joseph chez lui en tant qu'esclave ou même comme garçon de courses, mais non en tant qu'un jeune homme libre de faire ce qu'il veut. La condition de l'esclave, c'est de rester à la place qui lui est attribuée. A cause de sa dépendance de son maître (son Ba'al, son propriétaire), il ne peut prendre aucune initiative. On possède un esclave comme on possède sa voiture, sa maison, son jardin… L'esclave ne donne pas son point de vue sur un sujet donné ; il ne discute pas, mais doit tout accepter et obéir. C'est cela sa condition tant qu'il demeurera dans

---

[39] La précision donnée ici « et il ne la connut plus » (v.27a) sert à expliciter un argument : C'est que Juda a connu sa belle-fille par ignorance. Maintenant que les choses sont mises au grand jour, il ne peut plus aller vers elle.

[40] Cet homme n'est pas n'importe qui ; il est officier du Pharaon et chef des gardes, c'est-à-dire très proche du pouvoir. Ses titres ici exposés servent à rendre attentif à la gravité des faits qui seront reprochés à Joseph dans la suite du récit.

cet état.

Le v.2 oriente toute la pensée théologique de l'ensemble du récit : « *L'ETERNEL fut avec Joseph* », וַיְהִי יְהוָה אֶת-יוֹסֵף (*way^ehî Adonaï 'eth-Yôséph* !). C'est comme pour dire qu'en toutes circonstances, Joseph sera gardé par le Seigneur, le Dieu de ses pères, Dieu de l'Alliance. Et la suite le démontrera.

39.1. Joseph, Intendant de Putiphar

Joseph est gardé dans la maison de son maître ; ce dernier ne tarde pas à se rendre compte du fait que son esclave est protégé par Dieu. Alors, il lui fait pleinement confiance. En fait, Putiphar connaissait-il le Dieu de Joseph ou bien lui a t-on parlé de ce Dieu qui faisait prospérer Joseph dans toutes ses entreprises ? Le texte ne donne aucune précision là-dessus. Simplement, il y est question du bénéfice que Putiphar a pu tirer de cette relation particulière. Il établit Joseph sur toute sa maison et lui confie la responsabilité sur tous ses avoirs (v.3-4). Putiphar est lui aussi béni par le Dieu de Joseph, ce Dieu dont il ne connaît que les exploits. Joseph apporte toute la bénédiction de son Dieu partout. La maison de Putiphar est bénie à cause du bon traitement reçu par Joseph (v.5). Quelle grâce pour Putiphar ! Cet homme a vu en Joseph un autre homme, pas vraiment l'esclave à la manière des esclaves égyptiens. Joseph est presque entrain de régner sur les biens de son maître. Quant à Putiphar, il ne se fait aucun souci car Joseph fait les choses avec dévouement et honnêteté. Il est tranquille car il a trouvé un bon intendant, un homme fidèle. Joseph débute pratiquement son règne, non sur ses frères ni sur ses parents comme il le voyait dans ses songes, mais sur la maison de Putiphar. L'élévation est entrain de se faire jour (v.6). La fin du verset est en fait une transition vers l'épisode qui est raconté aux versets 7-20 : « *Or, Joseph était beau de taille et beau de figure* ».

39.2. La femme de Putiphar tente Joseph

Le v.7 ouvre une nouvelle unité textuelle. Il débute par la phrase introductive « *Après ces choses, il arriva que...* ». Depuis la venue de Joseph dans la maison de Putiphar, la femme de ce dernier avait sans doute remarqué la beauté exceptionnelle du jeune homme. Son cœur battait pour lui, et une espèce de « coup de foudre » la prenait. Elle avait pris la résolution de faire chuter Joseph. Elle profite de l'absence de son mari pour faire des avances sur le jeune esclave hébreu (v.7b). La tentation est grande mais Joseph ne veut pas céder, malgré toute l'insistance et le harcèlement de la femme. Il ne manque pas d'arguments ; il lui donne plutôt une leçon de morale.

Le jeune homme n'a aucune envie de déshonorer son maître en couchant avec sa femme, car il craint Dieu. Il ne veut surtout pas perdre la confiance que son maître a placée en lui. C'est tout ce qu'il rappelle à la femme (v.8-9). Joseph a la notion du péché, car il finit par dire « *Comment ferais-je un aussi grand mal et pécherai-je contre Dieu ?* » (v.9b). Savoir dire non aux sollicitations mondaines est une qualité d'un enfant de Dieu qui a fait l'expérience de la communion avec son Seigneur.

Joseph est ici le modèle de Christ qui a dit non à Satan lors de la tentation au désert (Mt 4,1-11 et //). Mais par rapport à Adam et Eve, Joseph est vainqueur du mal. Il ne se laisse pas entraîner vers le péché.

Les arguments avancés par Joseph devaient être susceptibles de faire taire les pulsions sexuelles de la femme de Putiphar, mais il n'en était pas ainsi. Bien au contraire, elle va insister plusieurs jours car pour elle ce qui comptait c'était d'assouvir son besoin. Probablement, les absences répétées de son mari (suite à ses activités à la cour de Pharaon) ont provoqué une crise. Putiphar ne pouvant pas être là à ses côtés chaque fois qu'elle avait besoin de lui, la femme a cru trouver satisfaction auprès de Joseph. Il est dit que plusieurs jours durant, la femme forçait Joseph à coucher avec elle, sans succès (v.10). En fait, c'est de cette manière que Satan lui-même harcèle les enfants de Dieu ; il ne peut jamais abandonner après un premier échec. Au contraire, en tant que stratège, il change toujours de tactique. Il ne se déclare jamais vaincu s'il n'a pas épuisé ses stratégies. Alors, il suffit d'être vigilent pour ne pas se laisser prendre. Joseph ne cède pas ; il n'accuse même pas la femme à son maître. En tant qu'esclave, il est convaincu que personne ne pourrait accepter son discours et le prendre au sérieux.

La femme a médité durant des jours sur de nouvelles stratégies pour faire tomber Joseph. C'est maintenant elle qui va attraper le jeune homme, profitant de l'absence de tous les autres serviteurs de Putiphar. Elle force Joseph à coucher avec elle, mais Joseph ne va pas non plus céder à une telle tentation. Autant lui laisser son vêtement (בִּגְדוֹ, big^{he}dô) et de prendre le chemin de la porte. Alors dans sa grande confusion, la femme va se venger de la plus mauvaise manière qui soit. Elle appelle des témoins pour accuser Joseph de lui avoir fait des avances. Le fait d'avoir gardé le vêtement du jeune homme constituait une preuve irréfutable du forfait. Les accusations portées contre Joseph sont très graves car elles sont accompagnées de preuves tangibles. La femme raconte sa version des faits, et nul ne peut contester (v.13-15).

Elle est à la fois juge et arbitre. Son récit est tellement cohérent qu'il n'y a pas moyen de douter de sa véracité, surtout avec une telle preuve matérielle. Quant à Joseph, il n'a aucun argument à faire valoir. Il n'y a que Dieu qui lui rendra justice. La femme a attendu le retour de son mari pour accuser Joseph d'avoir cherché à la violer. Putiphar ne pose aucune question à Joseph ; il le fait jeter en prison. Il a tellement été assommé par l'accusation – condamnation de sa femme : « *L'esclave hébreu (*הָעֶבֶד הָעִבְרִי, *ha'èbèd ha'ibhrî) que tu nous as amené est venu vers moi pour se jouer de moi* » (v.17). Putiphar se condamne dans son cœur d'avoir amené un « violeur » dans sa maison. Il a oublié toutes les grâces dont il a bénéficiées de la part de Dieu suite à la présence de Joseph. Il vient de perdre toute la confiance qu'il avait donnée à Joseph. Pourtant, la femme sait dans les moindres détails ce qui est arrivé. Elle invente tout un récit qu'elle habille pour le faire passer pour vrai. Elle a tenu à se venger, mais elle ne pourra dormir tranquille tant qu'elle a fait mettre un innocent en prison. Ne connaissant pas la crainte de Dieu, elle a tenu à se venger. Elle est incapable de se condamner. La faute, c'est toujours chez les autres ! Quant à Putiphar, il n'a pas pu se donner le temps de mener une vraie enquête ni même interroger Joseph. Mais comme ce dernier n'est qu'un esclave, il n'a aucune dignité à faire prévaloir. On le jette en prison sans explications.

39.3. Quand la prison se transforme en lieu de bénédiction

Les v.21-23 insistent sur la protection du Seigneur, car Joseph était l'objet de son choix particulier. Ainsi, la prison va se transformer en lieu où Joseph va enfin commencer à réaliser ses rêves relatifs à la domination. Sur le plan théologique, l'on comprend que l'élévation de Joseph par Dieu commence en prison. Chez Putiphar, il était établi sur la maison et les biens de son maître certes, mais les choses s'éclairent d'un jour nouveau en prison. Ceci dit, Dieu est capable de transformer la prison en un lieu où il déploie encore sa bénédiction. Rien ni personne ne saura arrêter à son projet de bénédiction qu'il a conçu d'avance pour ceux qui sont l'objet de son choix particulier. Dans ces versets, la répétition est très frappante. La plupart des phrases qui parlent de la protection de Dieu insistent sur cette réalité. Et puisque Dieu était avec Joseph, la logique la plus élémentaire veut que toute chose dans ses mains soit couronnée de succès. La prison n'est pas faite pour contrer l'action de Dieu ; au contraire Dieu peut la transformer en un lieu de paix et de joie. Joseph est en prison, mais Dieu est avec Joseph. Donc, la prison est un lieu dans lequel un prisonnier spécial va vivre une grâce spéciale. Joseph devient le porte parole, mieux le recours de tous les autres prisonniers (v.22b : « *et rien ne s'y faisait que par lui* »). Même le chef de prison ne se faisait aucune peine de demander des comptes à Joseph. Il devait à tout prix éviter de lui faire des reproches de peur d'avoir affaire à Dieu. La recherche de la protection divine est ce qu'il y a de mieux. Le chef de la prison savait qu'en coopérant avec Joseph, le Seigneur le bénirait lui aussi. Il aurait pu confier de telles responsabilités à un ancien prisonnier plutôt qu'à un novice.

Le narrateur voudrait insister sur un fait très intéressant : La réussite de Joseph, puisqu'elle vient de Dieu, ne pourra pas être limitée par les diverses circonstances dans lesquelles Joseph pourrait se trouver. Et puis, il faut noter le fait que c'est Dieu qui justifie Joseph. Son intégrité est récompensée par le Seigneur, et désormais, Joseph volera de victoire en victoires. La protection dont il jouit est donc totale et permanente. Ceci se lit avec le même accent à travers la suite du récit également.

Chapitre 40

LA PRISON AUTREMENT

Le v.1 est introduit par « après ces choses », ce qui lie la suite du récit à ce qui précède. Joseph est certes en prison, mais son Dieu continue de se manifester à lui car « il donnait de la réussite à tout ce qu'il faisait » (cf. 39,23). Le plan de Dieu va se réaliser même si son serviteur devra encore passer par différentes épreuves.

40.1. Rencontre avec deux hauts fonctionnaires de Pharaon

La prison devient pour Joseph un lieu d'importantes rencontres qui vont d'ailleurs déterminer son destin. Deux hauts fonctionnaires du Pharaon sont mis dans la même prison que Joseph. Il s'agit du chef des échansons et celui des panetiers. Pour avoir offensé leur maître, ils sont jetés en prison et y retrouvent Joseph. Du moins, les deux officiers du roi d'Egypte avaient commis de graves infractions, ce qui n'était pas le cas pour Joseph. Toutefois, le fait que Joseph soit dans une telle prison montre combien ce dont la femme de Putiphar l'a accusé était une très grande infraction.

Cependant, une sorte d'amitié est entrain de se faire jour en pleine prison. Joseph va interpréter les rêves des officiers de Pharaon, une manière pour le narrateur d'anticiper le séjour de Joseph au palais royal. Tout se joue dans cette phrase qui revient plus d'une fois : « *Dieu fut avec Joseph pour faire réussir toute chose dans sa main* ». Cette affirmation à elle seule suffit à expliquer pourquoi Joseph va prospérer même en terre étrangère. C'est que Dieu transforme des situations de ceux qui sont rejetés pour en faire des personnes honorables. Joseph semble déjà être préparé à assumer les fonctions qui l'attendent en Egypte, mais tout cela est dans le plan de Dieu. Il accepte d'être au service des autres. Son comportement exemplaire lui vaut toute la confiance du chef des gardes (v.4a) ; Joseph va passer par l'abaissement avant son élévation future. Il s'occupe des deux officiers du Pharaon, leur rendant service avec simplicité de cœur.

40.2. L'interprète des rêves et des songes

Les rêves (songes) de l'échanson et du panetier, au cours de la même nuit, les troublent. Leur anxiété se lit facilement sur leurs visages. Toujours attentif aux autres, Joseph s'adresse à chacun d'eux en particulier. Mais ils sont inquiets car ils ont besoin d'explications sur ce qu'ils ont reçu. L'oreille attentive de Joseph va les aider à se décharger de ce lourd fardeau (v.6). La préoccupation de Joseph consiste avant tout à connaître le fond du problème qui rend ces deux officiers si anxieux. Pour ne pas commettre une erreur d'interprétation, Joseph se met à l'écoute ; il ne les juge pas. Il anticipe donc l'interprétation de songes du panetier et de l'échanson. Il a vu la tristesse qui remplissait les cœurs de ces deux officiers de Pharaon : « *Pourquoi avez-vous mauvaise mine aujourd'hui ?* » (7b). Joseph avait l'habitude de les voir tous deux joyeux, mais cette fois tout a changé. La question qu'il pose semble anticiper la suite des événements, car Joseph est confiant en son Dieu. Lorsqu'il apprend que leur tristesse est causée par le fait qu'ils étaient inquiets au sujet de songes de la nuit précédente, Joseph les rassure en leur parlant de Dieu à qui appartiennent les interprétations (8b). Chacun des officiers du roi raconte son songe à Joseph, confiant d'en avoir l'explication. Et celui qui fut accusé autrefois de « faiseur de songes » va interpréter à tour de rôle chaque rêve, confirmant ainsi sa position de dominateur. D'abord, le chef des échansons. Il a vu un cep avec trois sarments, les raisins mûrs et la coupe de Pharaon qu'il était entrain de remplir avec des raisins pressés. Joseph lui parle de sa sortie de prison au bout de trois jours, de son rétablissement dans ses anciennes fonctions, surtout de son élévation par le roi (v.12-13).

Une telle nouvelle ne pouvait qu'être réjouissante. Seulement, Joseph pense ainsi à son propre sort. Sa demande ressemble à celle du brigand à la croix lorsqu'il s'adressait à Jésus : « *Souviens-toi de moi quand tu seras dans ton règne* » (Luc 23,42). L'échanson fait foi à cette interprétation. Joseph lui aura brossé en peu de mots les circonstances qui ont fait de lui un prisonnier. L'échanson devra lui manifester toute sa bienveillance. Il devra faire mention de lui auprès du roi et le tirer de la fosse[41]. Joseph n'a pas caché son appartenance au peuple hébreu.

S'agissant du songe du panetier, il a vu trois corbeilles de pain blanc posées sur sa tête. Les oiseaux venaient manger les mets pour Pharaon qui étaient dans la corbeille au-dessus de la tête. L'interprétation de ce songe fait penser à un véritable drame. C'est que les trois corbeilles sont les trois jours à passer encore en prison. Le panetier sortira lui aussi, mais sera pendu à un bois (sens de la corbeille élevée au-dessus de lui), et les oiseaux mangeront sa chair. Il y a de quoi perdre son sang-froid ! Ainsi, des deux officiers du roi, l'un sera rétabli et l'autre tué, en raison de la culpabilité de chacun.

40.3. Le troisième jour

Telle fut l'échéance qui détermine le sort des deux officiers du Pharaon. Ce troisième jour marque aussi l'anniversaire du roi d'Egypte (cf. v.20). Au cours des festivités marquant ce grand événement, Pharaon pense à ses officiers encore en prison. Il ordonne qu'on les fasse sortir. Le chef des échansons est élevé en dignité. Le roi reçoit de sa main la coupe, exactement comme l'avait dit Joseph. Quant au panetier, il est exécuté par pendaison, sans doute à cause de la gravité des faits qui lui étaient reprochés.

« *Mais le chef des échansons ne se souvint pas de Joseph, et l'oublia* » (v.28). Le pouvoir corrompt, dit-on. Une fois au pouvoir, le chef des échansons oublie aussitôt la vie qu'il venait de mener en prison. Et vis-à-vis de Joseph, il manifeste un drôle d'indifférence ; il est simplement ingrat et insensible à la souffrance des autres. Cet homme est un modèle de ceux qui deviennent ingrats face au bienfait dont ils ont bénéficié. Joseph avait beaucoup compté sur un homme qui a eu toute sa confiance, mais il doit déchanter. Tel est malheureusement le comportement des humains. Ceci étant, le jeune hébreu devra renouveler sa confiance en Dieu, car avec lui, l'avenir est plus que rassurant.

---

[41] La prison fait penser à la fosse (citerne) sans eau dans laquelle Joseph était jeté par ses propres frères.

Chapitre 41

DIEU ACCOMPLIT SON DESSEIN POUR JOSEPH

La libération de l'échanson et la pendaison du panetier ont marqué Joseph. Pour lui, deux possibilités s'offrent : la condamnation (s'il est reconnu coupable), ou l'acquittement (s'il est déclaré innocent). Mais drôle de situation, ses accusateurs (Putiphar et sa femme) l'ont totalement oublié. Ils sont comparables aux frères de Joseph qui ont pratiquement « enterré » leur frère. En pareilles circonstances, Joseph devra garder pleine confiance en son Dieu qui rend justice. Il sait qu'il n'a rien à espérer des hommes, fussent-ils officiers du Pharaon. Et le plan de Dieu s'accomplira tôt ou tard pour celui qui est objet de son choix souverain. Même si Joseph voit le temps passer, il s'accroche au message de ses premières visions. D'ailleurs, ses bourreaux (Putiphar et sa femme) ne jouent plus aucun rôle dans la suite. Pour eux – tout comme ce fut pour les frères – Joseph est aux oubliettes ; on l'a simplement enterré. C'est comme une personne déjà ensevelie.

Cependant, Dieu va répondre aux préoccupations de Joseph d'une manière nouvelle ; il va le confirmer dans son rôle de visionnaire. Depuis la sortie de prison de l'échanson, deux années venaient de s'écouler, sans que cet homme pense à Joseph. Mais le temps de Dieu ayant sonné, Dieu « poussera » l'échanson au devoir du souvenir. Il a suffi que Pharaon ait un double songe dont l'explication ne pouvait être donnée que par Joseph l'inspiré.

41.1. Le double songe de Pharaon

Pendant son sommeil, le roi voit en songe sept vaches grasses et bien charnues qui sortent du Nil et qui se tiennent sur le rivage. Puis sept autres vaches sortant également du fleuve, vont dévorer les sept premières. Au réveil, Pharaon n'y comprend rien ; il sait que les vaches sont des herbivores et non des carnivores. Le roi est troublé et veut savoir en quoi consisterait une telle image. Peu après, au cours de la même nuit, il a un autre songe qui contient le même message que le premier. Il a vu sept épis (de blé ?) gras et de très bonne qualité montés sur une seule tige. Puis, vinrent sept autres épis pauvres et de très mauvaise qualité, se greffer à la tige. Ces derniers bouffèrent les premiers épis de qualité supérieure.

Le roi est très troublé et même agité ; il veut absolument comprendre ce que peuvent bien signifier pareilles visions. Il fait venir ses magiciens, astrologues… ses gens de confiance, mais sans succès. Alors, le chef des échansons s'est finalement souvenu de Joseph resté pourtant en prison. Fallait-il attendre si longtemps, deux ans, et être presque coincé pour penser à celui qui lui avait rendu d'énormes services ? L'œuvre de Dieu, son dessein pour Joseph est entrain de se réaliser. Le chef des échansons n'a d'autre choix que de se souvenir du jeune Hébreu car il tient à se rendre agréable au roi. Il ne veut plus commettre d'erreur car son passé ne fut pas brillant. Malgré son séjour en prison, il y a passé des moments agréables avec Joseph. Voilà pourquoi il n'hésite pas de parler de lui. Il rappelle même au roi les circonstances de son emprisonnement.

Avant sa sortie de prison, Joseph prend toutes les dispositions pour se présenter en bonne tenue auprès du roi. Il se rase (les cheveux et la barbe), puis change de tenue vestimentaire (v.14). Il sait en fait que sa cause a été entendue, et pense déjà à sa libération[42]. Et quand Joseph est conduit auprès du Pharaon, ce dernier lui parle comme s'il s'adressait à un dieu ou à un fils des dieux à la manière de l'Egypte. Ainsi, v.15 : « *J'ai eu un songe et nul ne me l'explique ; mais j'ai ouï dire, quant à toi, que tu entends l'art d'inspirer un songe* » (Ed. bilingue).

La réponse de Joseph est sans ambiguïté. Il n'y a que Dieu qui soit capable de donner l'interprétation d'un songe car cela relève du domaine spirituel. Une telle réponse témoigne de l'humilité de celui qui est appelé à devenir serviteur de Dieu. Joseph élève son Dieu, et évite de s'élever lui-même. C'est comme s'il devait avoir compris que celui qui s'élève sera abaissé, et que celui qui s'abaisse sera élevé. Il veut que Pharaon sache une fois pour toutes que son Dieu à lui n'est comparable à aucun dieu du panthéon égyptien. Ceci étant, Pharaon se confie au jeune Hébreu et lui raconte son double songe dans les moindres détails (v.17-24).

Et comme Joseph avait avant tout élevé son Dieu, il reçoit sur-le-champ le sens de ce double songe. Il en note les ressemblances, avant d'en donner l'interprétation : Les sept vaches grasses et charnues ainsi que les sept épis gras et de très bonne qualité annoncent sept années de prospérité économique pour l'Egypte. Quant aux sept vaches maigres ainsi que les sept épis pauvres et de mauvaise qualité, ils représentent sept années de grande famine et de disette qui s'abattront sur le pays de Pharaon. C'est que sept années de prospérité feront place à sept autres années de disette. En fait, la disette sera tellement grande que les Egyptiens seront amenés à oublier les années d'abondance et de prospérité. Le roi est donc prévenu. Et puisque Dieu tient à réaliser son plan pour Joseph et pour la famille de son père restée en Canaan, le temps est venu de prendre les dispositions qui s'imposent de fait. A cause de Joseph, Pharaon obtient la grâce d'entrer dans le plan bienveillant de Dieu : « *ce que Dieu prépare, il l'a annoncé à Pharaon* » (v.25b et 28).

41.2. Joseph, Conseiller du roi d'Egypte

Le rôle de Joseph ne se limite pas à interpréter le double songe de Pharaon, mais aussi à prévenir le roi afin qu'il s'organise. Ainsi, Joseph va lui prodiguer des sages conseils. Il ne lui cache pas la gravité de la chose vu que le songe s'est répété à deux reprises (v.32).

1° Un homme prudent et sage (, אִישׁ נָבוֹן וְחָכָם '*ish nab^{h}ôn w^{e}ḥak^{h}am*) : Le premier conseil consiste à trouver un homme prudent et sage, c'est-à-dire un prévisionniste, que le roi établirait en qualité de premier ministre. Cet homme, avec toutes ces vertus,

---

[42] Pour plus de détails, cf. A. WENIN, *L'histoire de Joseph (Genèse 37 – 50)*, <u>Cahier Evangile</u> N° 130, 2004.

Pharaon le trouve en la personne de Joseph lui-même. Mais le texte pose un problème d'interprétation. Le roi d'Egypte pouvait-il nommer un étranger sans lui poser des préalables comme nous le présente le récit ? D'autre part, Joseph n'a-t-il pas plutôt pensé à lui-même vu ses ambitions de dominer ?

Du point de vue théologique, l'on peut comprendre cette situation dans le sens du projet de Dieu pour Joseph. En fait, le personnage central ici est justement le jeune Hébreu et non Pharaon. Le narrateur nous y conduit d'ailleurs. Dieu seul est capable de bouleverser tout projet des hommes et même des nations. Le but de ce récit consiste à démontrer que Dieu ne peut jamais être limité par une quelconque organisation humaine. Puisqu'il est le Créateur de l'Egypte et de ses rois, il utilise à juste titre la différence pour faire éclater sa gloire. Son plan pour Joseph devra s'accomplir dans les moindres détails.

2° Etablir des commissaires ou intendants (פְּקִדִים, p^{e}qidîm) pour gérer les récoltes des sept années d'abondance : Ce deuxième conseil de Joseph marque en soi un sens élevé d'organisation. C'est comme si les années passées en exil auront aidé Joseph à acquérir une très grande expérience en la matière. Le fait d'avoir assumé l'intendance dans la maison de Putiphar l'aura forgé. Joseph propose au roi d'Egypte d'établir des commissaires (des intendants) sur l'ensemble du territoire et qu'un cinquième (du territoire) soit réservé à des greniers, de sorte que l'on ne soit pas surpris par les sept années de sécheresse (v.34-36).

Pharaon a eu une oreille attentive à toutes ces propositions ; il ne les discute pas mais acquisce. Comme Joseph, lui aussi pense à l'avenir du pays. Ses serviteurs l'y encouragent. Le roi trouve sage l'idée d'établir Joseph sur sa maison[43]. Il parle d'un Dieu qu'il ne révère pas, mais sait que Joseph adore le vrai Dieu. Le jeune Hébreu est établi premier ministre d'Egypte. Et les instructions du roi à son sujet sont claires : « *Tout mon peuple sera gouverné par ta parole* » (v.40b). Seulement, Joseph n'aura de compte à rendre qu'à Pharaon et à personne d'autre. Même le chef des échansons qui avait tout fait pour oublier Joseph en prison sera sous ses ordres. En fin de compte, le roi fait introniser Joseph devant tous les officiels : - Il ôte son anneau de sa main pour le passer à celle de Joseph ; - Il le fait habiller de byssus ; - Il suspend le collier d'or à son cou ; - Il le fait monter sur son second char (Tout un symbole !). Bref, cette cérémonie est similaire à celle de l'intronisation royale. Toutefois, Joseph monte sur le second char car il est lui-même le second de Pharaon.

Après la cérémonie, le nouveau chef d'Egypte passe les troupes en revue et le peuple crie « Abrêk », soit « *à genou* », ou « *baissez la tête* », en signe de soumission. Joseph est entrain d'être élevé après être passé par le chemin de l'humiliation, ce que le livre des Proverbes traduit en ces termes : « *L'humiliation (l'humilité) précède la gloire* » (Pr 15,33 et 18,12) C'est aussi le type de Christ qui a été glorifié après la croix. L'Egypte entière devra désormais compter sur la sagesse et l'intelligence de l'ancien prisonnier. Quant à Joseph, il devra gérer ses nouvelles fonctions et faire de son mieux pour ne pas décevoir le roi d'Egypte.

---

[43] Ce qui fait d'ailleurs penser à Putiphar (39,4).

41.3. Un nouveau nom

Joseph reçoit un nouveau nom, *Tsaphnath-Panéaḥ*. Ce changement de nom montre combien le choix du roi est définitif. Désigner Joseph par un nom égyptien signifie que désormais le jeune Hébreu ne devra défendre que les intérêts de son pays d'accueil qui devient son pays d'adoption. Il devra travailler de tout cœur et avec dévouement car tous les espoirs du peuple reposent sur lui. C'est du moins le sens de son nouveau nom : Sauveur de l'empire. Il sauvera le peuple qui lui est acquis et devra se montrer à la hauteur de ses attentes, surtout lorsque surviendront les années de disette. Et pour confirmer cette alliance, le roi donne à Joseph la fille de Potiphera, prêtre d'une divinité égyptienne, On, nommée Asenath. Une telle assimilation devra faire de Joseph un Egyptien, au même titre que les autres membres du peuple. Toutefois, le nouveau chef n'a pas oublié ses racines comme le montre la suite du récit.

41.4. Joseph le prévisionniste

Ses premières réalisations consistent à parcourir le pays pour se rendre compte des conditions générales des populations. Le narrateur souligne en passant, l'âge de Joseph (30 ans) comme quelqu'un ayant atteint une certaine maturité (v.46). Est-ce pour préciser que sa sagesse est due en partie à son âge ?
Ce qui est aussi probable, c'est que l'auteur veut nous amener à calculer le nombre d'années que Joseph a dû attendre, les années d'un véritable passage à vide, avant de voir se concrétiser le projet de Dieu pour lui[44]. Ceci devrait conduire à comprendre que, peu importe le temps, le plan de Dieu s'accomplit toujours.
Il fallait donc considérer les sept années d'abondance et en profiter au maximum pour faire des grandes provisions à travers l'ensemble du pays. Tellement la terre avait produit, il n'y avait aucune peine à pouvoir garder suffisamment de blé et autres céréales dans des greniers. Il est même dit (v.47-49) que durant toutes ces années où la terre avait produit à pleines mains, Joseph avait pris toutes les dispositions pour mettre dans chaque ville les vivres provenant des champs alentour, au point qu'il était devenu impossible de compter le nombre de greniers à blé. La quantité de blé ainsi amassée est comparée au sablé de la mer.
Ayant donc pris toutes ces dispositions utiles, Joseph et le peuple égyptien peuvent attendre les années de disette avec confiance et espérance.

41.5. La famille de Joseph

Pour montrer que Joseph est bien installé en territoire égyptien, le narrateur fait mention de la naissance de ses deux fils. Comme on le voit dans la Genèse, les noms donnés aux nouveaux - nés rappellent des étapes de la vie de pèlerinage. Ainsi,

---

[44] Joseph a quitté la maison de son père à l'âge de 17 ans. Il vient donc de passer 13 ans au pays de Pharaon.

Joseph nomme son premier fils Manassé, nom signifiant « oubli ». Il est donc question de toute la peine lui causée par ses frères, et qui le conduisit jusqu'à l'emprisonnement. Mais on peut aussi penser à l'oubli de l'échanson qui, malgré les bienfaits reçus de Joseph, n'a même pas fait cas de lui auprès de Pharaon, sauf bien sûr en cas de nécessité (voir l'interprétation des songes du roi). En même temps, Joseph magnifie le Dieu de ses aïeux qui est entrain de l'élever en terre étrangère.
C'est d'ailleurs le but pour lequel Joseph appelle son deuxième fils du nom d'Ephraïm, nom qui veut dire « double fertilité »[45]. Joseph voit la main de Dieu à travers les événements qui entourent sa vie.
Comme annoncé, les années de famine succèdent à celles de grande abondance. Il va falloir s'organiser en vue de la distribution (ou la vente) de la ration alimentaire pour chaque ménage égyptien. Le texte précise que la famine frappait tous les pays, à l'exception de l'Egypte (v.54). Mais cela ne devrait pas durer car les Egyptien ont fini par avoir affaire aux autres peuples qui venaient acheter du blé chez eux. En conséquence, ils ont commencé à avoir faim également. Lorsque le peuple vient crier auprès de Pharaon, celui-ci l'oriente vers Joseph. En même temps, le roi insiste sur le respect qu'on doit à son homme de confiance : « *...faites ce qu'il vous dira* » (55b), ce qui fait penser à Marie, la mère de Jésus, aux noces de Cana en Galilée, Jean 2,5b.
La situation devenant intenable, Joseph ordonna qu'on ouvre tous les dépôts pour servir son peuple (les Egyptiens) en priorité en leur vendant du blé.

Chapitre 42

L'IRONIE DE L'HISTOIRE

Ce chapitre nous oriente vers un récit très passionnant, celui des frères de Joseph qui vont être mis devant leur conscience d'avoir vendu Joseph. A partir d'une crise alimentaire, on passe aux retrouvailles. La nouvelle selon laquelle on pouvait encore acheter du blé en Egypte est parvenue aux oreilles de Jacob. Et en sa qualité de premier responsable de la vie de sa famille, il envoie ses fils au pays de Pharaon, « *afin que nous vivions, et que nous ne mourions pas* » leur dit-il (v.2b), (וְנִחְיֶה וְלֹא נָמוּת, w^{e}niḥyèh w^{e}lo' namouth). Pour Jacob, la vie étant très précieuse, il faut absolument la préserver. Les deux verbes (וְנִחְיֶה et נָמוּת) conjugués au *Niph'al*, sont opposés l'un à l'autre. Soit, les fils acceptent la proposition de leur père d'aller en Egypte (pour vivre), soit ils continuent à se regarder les uns les autres (pour se laisser surprendre par la mort). Mais ils ont compris la nécessité d'aller en Egypte et décident de s'y rendre. Eux qui savaient que Joseph était vendu dans ce pays ne se posaient-ils pas de questions en chemin ? Ils partent à dix selon la décision de leur père, Benjamin n'étant pas de la partie. En fait, Jacob ne veut plus commettre l'erreur d'envoyer son plus jeune fils, enfant de sa vieillesse. Il garde encore la mémoire de Joseph qu'il avait déjà perdu. Le malheur qui risque d'atteindre Benjamin (v.4b),

---

[45] Sens du duel absolu « *aïm* ou *ayîm* » pour parler de ce qui va en paire, comme Mitsraïm (Egypte = Haute et Basse Egypte).

c'est la mort, probablement par les mêmes « bêtes féroces » qui avaient fait disparaître Joseph. Benjamin reste auprès du père car en le voyant, Jacob se console de la perte de son fils chéri, Joseph. Les autres frères n'ont pas besoin d'insister car ils se rendent compte combien ils avaient causé d'ennuis à leur vieux père en lui arrachant Joseph de l'affection dont il l'entourait.

42.1. Les frères de Joseph découvrent l'Egypte

Les dix frères sont partis à la recherche de nourriture sans imaginer un seul instant qu'une grande surprise les attend en Egypte. Cette surprise est introduite par la phrase « *Or, Joseph était le gouverneur (הַשַּׁלִּיט, hashallît) de la contrée ; c'était lui qui faisait distribuer le blé à tout le peuple du pays* » (v.6a)[46].
Quand les frères se présentent au pays de Pharaon, ils entrent en présence de Joseph. Celui-ci les reconnaît, mais eux ne le reconnaissent pas. En fait, pour les frères, Joseph était probablement mort. Sinon, il serait entrain de servir un maître égyptien quelque part. Ils ne pouvaient pas imaginer le retrouver, pas surtout en tant que haut dignitaire en Egypte. Ils pouvaient bien le voir comme esclave sachant les circonstances de son envoi au pays de Pharaon. Pourtant Joseph pensait encore à ses frères et à son vieux père Jacob. Il utilise une méthode pédagogique consistant à intimider les « étrangers », donc ses frères.

v.9 : Réminiscence : Joseph se souvient des songes qui lui rappellent la position de ses frères vis-à-vis de lui. L'accent est mis ici sur l'élévation de Joseph comme un accomplissement de ses songes d'autrefois. Voilà pourquoi il est rappelé que les frères « se prosternèrent » devant lui, la face contre terre (וַיִּשְׁתַּחֲווּ-לוֹ אַפַּיִם אָרְצָה, *wayyishtaḥawou-lô 'apayim 'areṣah*), v.6b. Joseph veut avoir des nouvelles de cette famille qu'il reconnaît pourtant. Il continue d'intimider ses frères en les accusant d'être des espions. Mais ceux-ci se défendent bec et ongle pour se dédouaner. Ils sont même obligés de raconter l'histoire de leur famille, eux qui se disent « esclaves » ou « serviteurs » du maître qui est devant eux. Ils justifient leur présence en terre égyptienne par la recherche de vivres (v. 11-12).
Lorsqu'ils se mettent à raconter, dans les moindres détails, ce qui les concerne, ils touchent le point culminant de l'histoire familiale : les 12 fils d'un même père, le fait que Benjamin soit resté auprès du père, la mort « présumée » de l'un d'eux (donc de Joseph). Ils s'imaginent raconter leur histoire à un étranger.

42.2. Vengeance (?) de Joseph

Etant arrivés à ce point, Joseph soumet ses frères à rude épreuve : rétention de l'un des frères, retourner en Canaan et faire venir Benjamin (v.14-16). Joseph fait mettre

---
[46] Pour le narrateur, la nécessité d'introduire la rencontre par ces mots traduit le besoin de préciser que ceux qui avaient vendu leur frère vont avoir affaire à lui, sous un autre registre. Car en fait, c'est maintenant Joseph qui devra décider de leur sort. Ironie de l'histoire !

ses frères en prison pour trois jours. Il tient à les éprouver afin de les amener à reconnaître leur malhonnêteté à son égard, les pousser à demander éventuellement pardon (cf. v.17). On voit, à travers ce récit Joseph jurer par la vie de Pharaon comme un vrai Egyptien, et non par YHWH le Dieu de son père. Un tel comportement n'est pas susceptible de donner la moindre possibilité à ses frères de soupçonner quoi que ce soit sur lui. C'est aussi pour cette raison que Joseph leur parle sur un ton très dur. Ce n'est qu'au bout de ces trois jours de prison que Joseph ordonne qu'on fasse sortir les étrangers. Il leur mande de retourner auprès de leur vieux père et de ramener Benjamin, fils de sa mère Rachel. C'est la condition essentielle qu'il leur impose s'ils veulent vivre, pour qu'ils ne meurent pas. S'ils peuvent échapper à la famine, ils risquent néanmoins de subir un triste sort en ne faisant pas ce qui leur est exigé. Du moins, ils sont menacés par Joseph qui tient à revoir coûte que coûte son jeune frère Benjamin.

42.3. Aveu de culpabilité (v.21-22)

A travers ces versets, il y a une anticipation de ce qui aurait pu être dit après la reconnaissance mutuelle entre Joseph et ses frères. Pourtant, on voit ici les frères se condamner l'un l'autre pour avoir vendu Joseph. Qu'est-ce qui provoque cette attitude alors qu'ils n'ont pas encore reconnu Joseph ? Nous pouvons supposer qu'ils ont pensé à une punition divine comme conséquence de leur forfait d'il y a plusieurs années. Ils ont sans doute pensé au mauvais traitement dont ils sont l'objet présentement. Le mauvais sort les suit à cause de Joseph qu'ils avaient vendu. Chacun jette la faute sur l'autre comme ce fut le cas dans le jardin d'Eden entre l'homme, la femme et le serpent.
Ici, c'est la première fois qu'il est fait allusion à la supplication de Joseph lorsqu'il fut vendu : « *Car nous avons vu la détresse de son âme quand il nous demandait grâce, et nous ne l'avons pas écouté* » (v.21).
Joseph feint de ne rien comprendre, de ne rien entendre. Et il est prêt à faire durer autant que possible le suspens sur son identité.

Après cette dure épreuve passée, Joseph soumet une fois de plus ses frères à une deuxième, plus rude que la première. Il va exiger qu'on lui amène Benjamin que le père a retenu auprès de lui. Or, ayant déjà fait le deuil de Joseph, Jacob n'avait pas voulu prendre le risque d'envoyer son fils Benjamin avec ses frères aînés en Egypte. Il craint qu'un malheur lui survienne, sachant surtout que ses fils étaient à la base de la mort (présumée !) de Joseph. Il sait que ses fils ne sont pas sincères. D'ailleurs, deux d'entre eux, en l'occurrence Juda et Siméon, avaient commis le massacre à Sichem (cf. chap.34).
Joseph insiste qu'on lui amène Benjamin ; il sait qu'avec lui du moins, il n'a rien à redouter. Le passé trotte encore dans son intellect. Il a reconnu ses frères dès le premier contact, mais continue à faire durer le suspens. Il doit malgré tout se méfier d'eux, par précaution. D'une certaine manière, il est entrain de se venger. Même s'il

se sert d'un interprète, il suit tout en langue parlée en Canaan. Les frères quant à eux, sont obligés de retourner d'auprès de leur père, avec des sacs chargés de blé. Seul Siméon reste en Egypte, pris en otage (v.24). Il faudra que les autres frères amènent Benjamin s'ils veulent retrouver Siméon. C'est pourtant une mission à très haut risque car il faudra suffisamment d'arguments pour convaincre Jacob de laisser aller Benjamin, objet de toute son affection.

42.4. Une épreuve de trop !

Lorsque Joseph avait donné l'ordre de charger les sacs de ses frères, il avait en même temps instruit ses serviteurs de ne pas prendre l'argent des étrangers. En fait, lui seul savait ce qu'il faisait. Il a même suivi toute la conversation de ses frères sans que ces derniers s'en rendent compte. Il a vu leur affliction et sentait en lui le besoin de s'unir à eux, car ils étaient de la même famille.

Les frères s'arrêtent pour se reposer après une longue et fatigante marche. Au moment où l'un d'eux (on ne sait qui !) ouvre son sac pour donner du fourrage à son âne, il est surpris de retrouver tout l'argent destiné à l'achat de blé dedans. La panique les saisit tous, mais les autres frères ne vérifient pas leurs sacs sur-le-champ. Tous ont l'impression qu'ils sont punis par Dieu. Ils imaginent l'attitude du maître d'Egypte si jamais il était mis au courant d'une telle affaire. Cette panique se justifie par le fait que les frères étaient témoins du dur traitement que Joseph leur avait fait subir, au point de les soupçonner d'être des espions. A Jacob, ils racontent toute la mésaventure en terre égyptienne (v.29-34)[47].

Après avoir tout raconté au père, ils ouvrent leurs sacs et sont tous saisis de frayeur en retrouvant chacun son argent dedans. Ils sont saisis d'effroi, eux et leur père.

42.5. Pas Benjamin !

Mais le plus dur, c'est le cas de Benjamin. Il faut arriver à convaincre Jacob pour qu'il laisse partir son fils cadet. En même temps, il faudra donner des arguments convaincants au père sur l'absence de Siméon. Partis en Egypte à 10, ils reviennent auprès du père amputé de l'un d'eux. Comment Jacob va-t-il réagir face à toutes ces histoires ?

Jacob n'accepte de commettre une nouvelle erreur. Même si plusieurs années auparavant il avait fait le deuil de Joseph, sa mémoire n'a rien oublié. Tout se complique d'ailleurs lorsque Jacob se rend compte que même Siméon n'est pas revenu avec les autres frères. Pour le père, il s'agit d'un nouveau complot destiné à se débarrasser de lui (v.36). Pourtant, Ruben prend les choses en mains et accepte que tout retombe sur lui. Il s'engage à ramener Benjamin si jamais le père le laissait aller avec ses aînés en Egypte (v.37).

La résistance de Jacob se justifie par le manque de confiance en ses fils. Il sait bien

---

[47] Les détails ainsi repris servent à rendre le récit vivant.

qu'un malheur est vite arrivé à Joseph. A près de 130 ans, Jacob n'a plus d'autre souci que de garder son fils cadet auprès de lui. C'est le précieux héritage de Rachel, l'épouse bien-aimée. Le récit insiste sur cet aspect des choses pour montrer que Jacob n'a jamais accepté d'être privé de Joseph.

Chapitre 43

RETOUR DES FRERES EN EGYPTE

(Second voyage)

Le chapitre 43 comprend deux unités textuelles bien distinctes, et s'inscrit bien dans la suite du précédent.
Dans un premier temps, il est question du retour en Egypte et de Jacob qui finit par céder sous la pression des circonstances : la faim qui sévit en Canaan et l'insistance de ses propres fils.
Quant à la deuxième unité, elle est introduite par la première, comme un récit transitoire vers le dénouement de l'histoire, c'est-à-dire vers la rencontre qui révèlera l'identité de l'homme fort d'Egypte.

43.1. Plaidoyer pour amener Benjamin en Egypte

La quantité de blé ramené du pays de Pharaon est bientôt finie, et Jacob demande à ses fils de retourner en Egypte. Il ne semble se préoccuper que du blé – afin que la famille ne meure pas – au point qu'il finit par céder sous la pression de ses fils en laissant enfin aller Benjamin (V.3-15). Juda joue le rôle d'aîné alors qu'il est le quatrième fils d'Israël (cf. 29,35). Il est plein d'initiative (cf. 37,26-27). Seulement, il désigne Joseph par « cet homme ». Il a fait un long plaidoyer devant Jacob, mais ce dernier semble catégorique dans un premier temps : le jeune Benjamin ne devra pas aller en Egypte. En fait, Jacob redoute la supercherie de ses fils. Ne sachant pas ce qui est arrivé à Siméon, comment devra-t-il se laisser convaincra si facilement ? Les fils conditionnent leur retour en Egypte : « *Ou bien Benjamin vient avec nous, alors nous irons acheter le blé, ou tu continues à refuser de le laisser aller, et nous n'irons plus acheter le blé. Conséquence : La mort au lieu de la vie* ». Ils insistent sur cette condition posée par l'homme fort d'Egypte pour libérer Siméon, et donc les accepter en sa présence. Pour le père, ce n'est que peine sur peine (cf. v.6). Il condamne même ses fils d'avoir fait mention de leur frère cadet dans leur conversation avec l'homme fort du pays d'Egypte[48].

Après ce jeu de questions – réponses, Juda donne des arguments susceptibles de faire fléchir le père une bonne fois pour toutes : « *Père, laisse partir le jeune homme avec moi. Nous nous mettrons en route et nous irons là-bas pour pouvoir survivre. Sinon,*

---
[48] Notons ici la précision des questions, une précision qu'on ne trouve pourtant pas au chapitre précédent.

nous mourrons tous, toi et nous et nos jeunes enfants » (v.8).
Juda prend sur lui toute la responsabilité. Il accepte même de se faire sanctionner si jamais il ne ramenait pas le jeune homme. Ce dernier argument redonne à Jacob la confiance perdue. Juda a trouvé les mots justes pour amener le père à la raison. Il lui a rappelé ce qui était cher à ses propres yeux : Que la famille ne meure pas, mais qu'elle survive. Israël finit par laisser aller Benjamin, avec sans doute quelque pincement au cœur. Il demande à ses fils de ne pas se présenter les mains vides auprès de l'homme en question. Jacob tient à adoucir la face du patron d'Egypte afin qu'il agisse à l'égard de ses fils avec bienveillance. Les produits qui composent le présent sont symboliques. La plupart de ces matières entrent dans la composition des produits qui servaient aux soins médicaux, au culte des dieux, mais aussi pour embaumer les corps (momification). Sauf le miel, les pistaches et les amandes qui sont des produits de simple consommation. L'homme que les fils d'Israël vont rencontrer pour la seconde fois n'est pas n'importe qui. C'est la deuxième personnalité après le Pharaon. Par respect pour lui, il faudra l'honorer de la sorte. Ensuite, les fils de Jacob doivent amener une double somme d'argent car ils doivent remettre l'argent qu'ils ont retrouvé dans leurs sacs.
Enfin, Jacob bénit le voyage de ses fils en invoquant sur eux le nom du Dieu Tout Puissant (אֵל שַׁדַּי, *'El Shaddaï*). C'est par ce nom que Dieu s'était révélé à Abraham (17,1). En invoquant ce nom, Israël place ses fils sous le regard du Dieu de l'Alliance à travers leur pèlerinage et leur séjour en Egypte. Un bel exemple que celui qui consiste à bénir ceux qui voyagent.

Jacob invoque également ce nom sur l'homme qui devra accueillir ses fils, ne sachant pas qu'il s'agit de son propre fils Joseph. Il espère revoir très bientôt Siméon, resté en prison en Egypte.
Après toutes ces dispositions, les fils prennent avec eux les présents ainsi que la double somme d'argent et entament le voyage. Benjamin étant de la partie, le retour en Egypte ne pose plus aucun problème (v.15).

43.2. Joseph accueille ses frères mais ne se dévoile pas

Tout a été fait selon le vœu de Joseph, et il peut maintenant accueillir ses frères. On imagine déjà un accueil chaleureux. Joseph est ému de revoir Benjamin (v. 16). Les frères sont conduits par l'intendant dans la demeure de Joseph. Un repas est apprêté en leur honneur, repas qui devra être pris avec Joseph. Sans doute qu'ils étaient inquiets et pensaient à un tel honneur qu'ils n'auraient pas dû avoir. Et même, ils sont effrayés d'entrer au palais de Joseph, eux qui se prenaient pour des gens ordinaires[49].
D'ailleurs, selon les coutumes égyptiennes, il n'était pas permis de manger avec des étrangers, pas surtout à la même table. Les fils de Jacob redoutent qu'il leur soit demandé des comptes au sujet de l'argent retrouvé dans leurs sacs. Raison pour

---

[49] Joseph est le type de Christ célébrant les noces de l'Agneau avec tous les rachetés. Ce repas est donc une préfiguration de ces noces (cf. Ap 19,7).

laquelle ils en ont parlé à l'intendant avant même qu'on leur pose la moindre question là-dessus. Ils se culpabilisent, alors que Joseph est entrain de se préparer sur la stratégie à arrêter pour se dévoiler à eux. L'assurance donnée par l'intendant les a calmés et les a mis en confiance : « *C'est votre Dieu, le Dieu de votre père, qui a mis un trésor dans vos sacs* » (v.23).

L'on peut se poser la question de la foi de l'intendant. Cet homme, semble-t-il, avait une certaine connaissance du Dieu des Hébreux. Comme s'il adorait ce Dieu-là ! Autrement, comment comprendre de telles paroles dans la bouche d'un Egyptien ?

L'accueil qui est réservé aux fils d'Israël est très impressionnant. Non seulement l'intendant leur demande de ne pas s'inquiéter au sujet de l'argent retrouvé dans les sacs, mais en plus il fait sortir Siméon de prison et le leur amène pour les rassurer de la bonne volonté de Joseph. Plus encore, l'intendant se montre de plus en plus hospitalier suite aux gestes qu'il accomplit à leur endroit : - Il les introduit dans la maison de Joseph et leur apporte de l'eau pour qu'ils se lavent les pieds[50]. – En plus, l'intendant s'occupe à fournir du fourrage aux ânes des étrangers.

La curiosité de Joseph (v.25ss) : Les frères avaient pris toutes les précautions pour ne pas se présenter devant Joseph les mains vides. S'étant lavés les pieds, ils peuvent désormais rencontrer ce grand chef. Et quand Joseph arrive, les frères l'accueillent avec tout le respect dû à une personnalité de son rang. Eux qui, des années auparavant n'avaient pas accepté que Joseph domine sur eux un jour, sont entrain de faire réaliser les songes de leur frère. Seulement, à ce stade, ils n'ont pas encore identifié cet homme que les Egyptiens eux-mêmes tiennent pour le maître du pays. Dès que Joseph entre dans la maison, les onze frères se prosternent devant lui, puis lui offrent des présents (v.26)[51]. Joseph avait reconnu ses frères dès la première entrevue, mais eux ne le pouvaient pas, car à leurs yeux, Joseph serait devenu un esclave quelque part en Egypte. On ne pouvait pas l'imaginer dans une position de dominateur.

Chapitre 44

NOUVELLE MISE À L'ÉPREUVE

Après avoir partagé le repas avec ses frères, Joseph donne l'ordre de faire remplir leurs sacs de blé afin qu'ils retournent vers leur père. Entre-temps, il avait réfléchi à la manière de compliquer davantage les choses, de sorte que ses frères lui soient toujours redevables et assujettis. Il avait demandé à l'intendant de mettre l'argent de chacun de ses frères à l'entrée de son sac. Mais, pour Benjamin il fallait en plus

---

[50] Ce geste fait penser à l'accueil des êtres célestes par Abraham, comme règle élémentaire d'hospitalité (cf. 18,2-5). Cette pratique était aussi courante à l'époque de Christ (cf. Jn 13). Se laver les pieds (et parfois aussi les mains) était interprété comme un geste de purification des impuretés corporelles contractées en cours de voyage.

[51] Ce geste est une réminiscence des songes de Joseph (cf. 37,7). En fait, dans le premier songe, les onze gerbes de ses frères s'étaient prosternées devant la gerbe de Joseph. Et ici, ce sont justement les onze frères qui se prosternent devant lui. La réalisation de ce songe est très frappante.

placer la coupe d'argent au même endroit que l'argent. Les fils de Jacob sont tenus à l'écart ; ils ne doivent pas être témoins de la supercherie. Seul l'intendant est tenu de remplir les sacs des étrangers. Les frères de Joseph ne peuvent même pas s'approcher du lieu où se trouve l'intendant, autrement ils seraient tentés de à corriger la précédente « erreur ».

Les choses se compliquent encore lorsqu'ils quittent l'Egypte. Alors qu'ils pensent au rapport à faire à leur père, voilà qu'ils sont rejoints par le même intendant qui leur fait des remarques sur leur mauvaise manière de se comporter. Joseph est un vrai acteur, comme au cinéma. C'est lui qui monte tout ce scénario pour interpeller ses frères. Complice, l'intendant joue le rôle de marionnette. Il ne peut qu'exécuter les ordres de son maître car il n'a aucun pouvoir face à lui (v. 1-3.6). Et quand il doit rattraper les fils d'Israël en chemin, il sait bien que ce qu'il leur reproche, à savoir le vol de la coupe d'argent, est une histoire montée de toutes pièces (v.4-5)[52].

44.1. La réplique des frères

Les frères de Joseph se savent innocents ; ils n'ont rien à se reprocher. Voilà pourquoi ils rétorquent à l'intendant : « *Pourquoi mon seigneur dit-il pareille chose ? Tes serviteurs n'ont jamais eu la pensée de commettre une telle action* » (v.7, Semeur). Ils se défendent en mettant en avant leur honnêteté vis-à-vis de l'argent trouvé auparavant dans leurs sacs, donc lors du premier voyage (v.8). Ils prononcent même une sentence de mort contre la personne auprès de qui cette coupe serait trouvée. N'ayant pas eux-mêmes rempli leurs sacs, ils n'imaginent pas que l'un d'eux soit pris au piège, à moins qu'il s'agisse d'une punition de Dieu. En plus, ils sont même prêts à se constituer prisonniers, ou esclaves, si jamais l'un des frères était coupable d'un tel acte (v.9).

Pour l'intendant, il n'y a aucun doute; l'un d'eux (Benjamin) sera reconnu voleur. Comment peut-il en être autrement alors qu'il a joué la comédie de Joseph ? Il promet que seul le coupable serait sanctionné. Mais il sait d'avance de qui il parle. La dissimulation ici est totale, mais comme il s'agit d'une forme de comédie, l'intendant est obligé d'aller jusqu'au bout de sa logique. Et le résultat ne se fait pas attendre. Benjamin est la personne recherchée. Les autres frères sont très indignés et ne comprennent rien à ce qu'il leur arrive[53]. Benjamin ne peut même pas se défendre. Comment aurait-il pris la coupe sans en être conscient ? A quel moment cela se serait-il produit ? Les questions imaginables inondent les esprits des frères. Ils sont troublés et veulent se livrer au maître d'Egypte. Ils ne peuvent accepter que Benjamin supporte seul les conséquences d'un tel acte. Il ne faut surtout pas accepter que Benjamin soit fait prisonnier de peur de précipiter la mort de leur père. Les frères de Joseph sont entrain de réaliser combien il leur était difficile de convaincre Jacob de

---

[52] Selon le v.5 la coupe ne servait pas qu'à boire de l'eau, mais avait aussi un pouvoir divinatoire.
[53] Les frères déchirent leurs vêtements en signe de contestation, de deuil et de désespoir. Ils ne peuvent plus tenir un langage pouvant confirmer leur honnêteté car Benjamin a été pris en flagrant délit de vol. Les arguments en pareille situation font simplement défaut. Tous sont abattus, déçus, stupéfaits.

laisser aller son fils cadet en Egypte. Et lui annoncer qu'il n'est pas avec eux à leur retour… cela serait suicidaire. La solidarité et la fraternité jouent leur rôle en pareilles circonstances. Il faudra rester soudé pour ne pas trahir la cause commune. Voilà pourquoi les frères rechargent leurs ânes et retournent tous auprès de Joseph, avec l'espoir que ce dernier ne mettra pas leur honnêteté en cause (v.13).

Dès le v.14 on voit Juda se placer au devant de la scène car c'est lui qui va demander de se constituer prisonnier ou esclave à la place du jeune Benjamin. Quand ils revoient joseph, tous les frères se prosternent comme à l'accoutumée, en signe de respect, mais aussi avec crainte et tremblement devant l'homme dont ils redoutent la réaction. L'heure est grave et la pression très grande. Tout en sachant exactement ce qui se passe, Joseph fait comprendre à ses frères que c'est grâce à son pouvoir divinatoire qu'il a su les rattraper. La comédie n'a que trop duré, et le suspense tenace. Devant des preuves si flagrantes, les frères ne peuvent qu'admettre l'évidence. Juda, qui s'est fait le porte-parole de tous, s'interpose. Et comme on pouvait s'y attendre, c'est Dieu qui les aurait ainsi exposés à l'ignominie (cf. V.16a). Ainsi, les coupables proposent la solution au maître. Autant accepter de tous se constituer esclaves. Quant à Joseph, il fait endurer l'épreuve et réplique que seul le vrai coupable, Benjamin, devra rester auprès de lui comme esclave[54]. Les autres frères pourront donc retourner en Canaan auprès du père (complication !), v.17.

44.2. Interposition de Juda

Cette dernière section consacrée au plaidoyer de Juda constitue en soi une étape importante vers le dénouement. C'est plein de révérence que Juda s'adresse à celui qu'il considère comme l'égal du Pharaon (v.18). Il a pris toutes les précautions pour parler avec respect, et faire ainsi éviter le pire. Ce discours résume toute la situation familiale depuis la disparition présumée de Joseph. Juda rappelle à son interlocuteur combien il leur a été difficile de convaincre leur père de laisser Benjamin les accompagner en Egypte. Joseph (l'homme en question) n'avait qu'à se souvenir de ce qu'il avait lui-même exigé des étrangers (ses frères). Renvoyer ses frères sans Benjamin serait suicidaire pour le père. Et Juda tient à le préciser. Il ne veut pas être responsable de la mort prématurée de Jacob. Dans cette histoire, Juda accepterait de se constituer esclave – c'est lui qui avait suggéré de vendre Joseph comme esclave – plutôt que de retourner auprès du père sans Benjamin.

Quant à Joseph, il a suivi ce long plaidoyer de Juda sans l'interrompre. Son cœur devait battre fort à ce moment-là étant sur le point de se dévoiler, de décliner sa véritable identité comme on le voit dans la suite du récit.

---

[54] Les paroles de Joseph suivent la même logique que celles du majordome (cf. v. 10). Ayant préparé ensemble la comédie, il n'est pas étonnant qu'ils disent tous deux la même chose.

Chapitre 45

L'HOMME EN QUESTION SE NOMMAIT JOSEPH

(Epilogue)

Au bout du suspense, nous arrivons à ce qu'il convient d'appeler l'épilogue.

45.1. Joseph se dévoile enfin : « Je suis Joseph ! »

« *Je suis Joseph* » ! Cette phrase bouleverse les frères qui retrouvent celui qu'ils avaient vendu des années auparavant. L'émotion est grande ; Joseph ne sait plus se cacher.
Joseph renvoie donc ses frères auprès de leur père avec ce massage rassurant : Lui dire que Joseph, son fils qu'il croyait mort depuis longtemps, est encore en vie ; - Que le fils a pris toutes les dispositions et toutes les précautions en vue de faire vivre la famille de son père durant les cinq années de famine encore à venir (v.11).

Il ne semble plus avoir de suffisamment d'arguments pour continuer à faire durer le suspense. Il est arrivé au bout de ses ressources, au bout du rouleau, dirait-on. Voilà ce qui traduit sa vive émotion en prononçant cette phrase. Le fait d'avoir fait passer beaucoup de temps avant de se présenter l'aura plutôt aidé à se positionner par rapport aux songes d'autrefois. Maintenant que ses frères se sont prosternés devant lui, il est rassuré de sa position de dominateur. Et pour s'y prendre, il ne manque pas de stratégie. Il commence par faire sortir tous ses serviteurs et autres fonctionnaires égyptiens (v.1). Devant ses frères, il est en sanglots. L'heure est grave. Il faut maintenant dire toute la vérité. A la grande surprise des frères, une surprise mêlée de quelque satisfaction, Joseph s'écrie : « *Je suis Joseph ! Mon père est-il encore en vie ?* »[55]
Joseph a gardé le souvenir du traitement de faveur dont le père l'entourait lorsqu'il était auprès de lui. Même au loin, il lui est resté attaché. Jusque-là les frères semblent stupéfaits (v.3). Sans doute qu'ils sont encore sous le choc. Ils sont entrain de se poser mille et une questions: Et si c'était une nouvelle stratégie pour les faire mettre en prison ?

Mais Joseph veut les rassurer[56]. Il leur demande de s'approcher de lui car les choses ne seront plus comme avant. Et pour la seconde fois Joseph se présente : « *Je suis*

---

[55] La question concernant le père traduit l'inquiétude de Joseph sachant que le fait que Jacob a laissé aller Benjamin pourrait précipiter sa mort (cf. 44,22). Toutefois, Joseph ne reçoit pas de réponse à sa question. Il sait que son père est encore en vie. « Le silence des frères traduit bien la stupéfaction où les plonge la révélation de la véritable identité de Iosseph » (A. CHOURAQUI, Entête (La Genèse), Jean-Claude LATTES, Editions, 1992, p. 472.
[56] Joseph est ici le modèle de Christ. De même que le Christ ressuscité rassure ses disciples apeurés dans la chambre haute en leur annonçant la paix (cf. Jn 20,19-20), Joseph rassure ses frères.

Joseph, votre frère, que vous avez vendu pour être mené en Egypte. Maintenant, ne vous affligez point, ne soyez pas irrités contre vous-mêmes, de m'avoir vendu pour ce pays ; car c'est pour le salut que le Seigneur m'y a envoyé avant vous ». Ceci est déjà rassurant pour les frères.

45.2. La pointe théologique du récit

La pointe théologique de tout le récit se trouve dans ces mots : « *Dieu m'a envoyé devant vous pour vous sauver la vie… Dieu m'a envoyé devant vous pour vous faire subsister dans le pays, et pour vous faire vivre par une grande délivrance. Ce n'est pas vous qui m'avez envoyé ici, mais c'est Dieu* » (V.5b.7-8a). Ces mots très rassurants suffisent à disculper les frères qui avaient longtemps gardé la culpabilité d'avoir vendu Joseph. Savoir que c'était le plan de Dieu pour faire subsister toute la famille, cela est agréable à entendre. Le mal que les frères ont cru causer à Joseph, Dieu l'a transformé en bien. Comme quoi, les frères devront désormais voir les choses autrement. Ils n'auront plus à rougir, car Dieu les sauve par la personne qu'ils ont haïe, Joseph. C'est la confusion dans leurs esprits ; ils n'oublieront jamais cette leçon de la foi. Commentant cette réalité, André CHOURAQUI dit : « Iosseph explique ici l'enseignement essentiel du récit : Tout sert à IHVH (Adonaï) pour conduire les destinées de l'univers, y compris le crime ou la folie des hommes (Pr 26,9. L'acte criminel des frères a été utilisé dans le sens d'une réalisation des projets divins : la vente de Iosseph en Misraïms sera destinée à préparer la descente de Ia'aco<u>b</u> en terre de Goshèn, puis la captivité des Hébreux qui elle-même accomplira la parole de IHVH (Adonaï) adressée à A<u>b</u>rahâm (Gn 15,13-16). Et dans le creuset de fer de l'exil, prendra finalement naissance le peuple d'Israël »[57].

Cela dit, rien ne peut empêcher le dessein de Dieu de s'accomplir. L'on comprend dès lors que c'est par la volonté de Dieu que Joseph s'est retrouvé en Egypte. Et la terre de Mitsraïm devient un lieu de salut pour les descendants d'Israël.

Chapitre 46

JACOB ET SA DESCENDANCE VONT EN ÉGYPTE

La bonne nouvelle reçue par Jacob au sujet de Joseph lui redonne de la vigueur. Plutôt que de se préoccuper du mensonge de ses fils de jadis, Israël préfère aller de l'avant. Il veut vite revoir son fils perdu.

46.1. Un autel pour les sacrifices

En tant qu'un craignant Dieu, Jacob se met en route, muni des holocaustes et des sacrifices d'action de grâces à offrir à son Dieu. Il procède de la même manière

---
[57] A. CHOURAQUI, *Entête* (La Genèse), p. 472-473.

qu'Abraham qui s'arrêtait en chemin pour offrir des sacrifices au Dieu de l'Alliance (cf. 12,7b-8 ; 13,4.8 ; etc.). Lui aussi avait coutume de servir le Seigneur avec des sacrifices (cf. 35,14-15).

Le lieu choisi pour ériger l'autel est symbolique. C'est là qu'Abraham et Isaac avaient demeuré, et c'est là qu'ils avaient offert des sacrifices à l'Eternel Dieu (cf. 21,31 ; 26,23-25). Et dans ce lieu, Dieu parle à Jacob pour le rassurer, mais aussi pour confirmer l'Alliance conclue avec ses pères. Dans des visions nocturnes, Jacob entend la voix de Dieu reprenant la formule de l'Alliance : « *Je suis le Dieu de ton père ; ne crains pas... Je ferai de toi une grande nation* » (v.2-3 ; cf. 12,2 ; 26,24). Ces paroles rappellent celles de l'appel d'Abraham renouvelées en Isaac : « *Ne crains point, v.3* » (אַל תִּירָא, *'al-tira'*)[58] ! Dieu rassure Jacob de sa présence permanente, même en terre étrangère. Il lui donne pratiquement tous les détails nécessaires au sujet de son séjour égyptien, car il l'y précède : « *Je descendrai moi-même avec toi en Egypte, et je t'en ferai aussi certainement remonter ; Joseph mettra sa main sur tes yeux* » (v.4)[59].

Après une telle assurance, Jacob se lève et, avec toute sa descendance, il se met en route pour se rendre en Egypte. Ils ont tous pris soin d'emporter tout leur bétail (gros et menu) ainsi que tous leurs biens car ils vont devenir sédentaires en Egypte. Ils sont tournés vers les promesses de bonheur faites par Joseph et par le roi d'Egypte. Mais ils sont rassurés du projet de Dieu pour leur bonheur dans ce pays. Les versets 5-27 donnent la liste de la famille de Jacob[60].

46.2. Joseph retrouve son papa chéri

Sans attendre l'autorisation de Joseph ni celle de Pharaon, Jacob et les siens se rendent dans la région de Goshen. Leur décision de s'y établir semble précéder l'autorisation qui sera accordée par le roi (v.28, cf.47,6). Joseph accourt vers son père, se jette à son cou et pleure[61]. Il ne peut pas attendre que Jacob vienne se prosterner devant lui. Il a attendu ce moment où il reverrait son père dont il était privé suite à la méchanceté de ses frères qui l'ont vendu comme esclave. Le soulagement de Jacob est à son comble ; il s'exprime par cette phrase pleine de sens (v.30) : « *Je*

---

[58] Cette expression (אַל תִּירָא, *ne crains point* ! אַל תִּירְאוּ, *ne craignez rien* !) revient sept fois dans le livre de la Genèse (symbole de la plénitude !) : 15,1 ; 21,17 ; 26,24 ; 35,17 ; 43,23 ; 46,3 ; 50,19 et 50,21.

[59] Autre traduction : « *Joseph te fermera les yeux* ». Ce geste est un signe de bénédiction, car Joseph devra jouer le rôle d'un grand homme au sein de sa famille ainsi qu'il l'est déjà en Egypte (cf. 48,13-14).

[60] Sur cette liste se retrouvent (par anticipation !) les enfants nés en Egypte. Ainsi, Ruben a quatre enfants au lieu de deux (cf. 42,37) et Benjamin en a dix (v.21, cf. Nombres 26,40 qui précise que Naaman et Ard sont plutôt nés en Egypte et qu'il s'agit bien de petits fils, fils de Bèla, fils de Benjamin). D'autre part, en Actes 7,14, il est question de soixante-quinze fils de Jacob, sans doute en comptant aussi les petits-fils du Patriarche. D'ailleurs, les enfants de Joseph, Ephraïm et Manassé, sont aussi comptés (cf. v. 27). Pour plus de détails, voir Ch. ROCHEDIEU, *op. cit*, p. 87.

[61] Il a eu une émotion pareille en voyant Benjamin. Joseph n'a pas exprimé pareil sentiment envers ses autres frères car ses mauvais souvenirs l'habitaient encore.

puis mourir à présent, puisque j'ai vu ta face, puisque tu vis encore »[62]. Jacob est donc comblé ; il a toutes les raisons de reconnaître la grâce de Dieu qui l'a maintenu en vie jusque-là. C'est aussi l'histoire du fils perdu et retrouvé, des retrouvailles qui vont faire oublier les circonstances de cet exil forcé. On ne voit nulle part Jacob poser à ses fils la moindre question au sujet du triste passé. C'est comme si Joseph était allé en Egypte de son propre gré.

Après les retrouvailles, Joseph se prépare pour aller auprès de Pharaon organiser le séjour des siens. Il a pris toutes les dispositions préparant la prochaine rencontre entre le roi et la grande famille d'immigrés. Il joue le rôle de prévoyant comme il le fut lorsqu'il avait prodigué des sages conseils au roi en prévision de la grande détresse qui devait s'abattre sur le pays d'Egypte (cf. 41,1s).

De même, il dit à ses frères comment ils devront répondre au Pharaon lorsque ce dernier chercherait à s'enquérir à leur sujet. Ils devront évoquer leur métier de bergers afin qu'on leur attribue la région fertile de Goshen (v.31-34). Aussi, sachant que le métier de berger était en abomination aux Egyptiens, il fallait une autorisation royale pour que la grande famille de Jacob soit acceptée dans le pays. Toutefois, Joseph est présenté comme l'homme qui a des solutions à tous les problèmes ; c'est un prévisionniste, un homme qui voit se concrétiser ses visions d'autrefois[63]. C'est donc avec assurance qu'il quitte la famille de son père pour se rendre auprès du roi.

Chapitre 47

LA FAVEUR DE PHARAON

La suite de cette histoire est racontée en continu. Joseph est allé plaider en faveur de Jacob et sa descendance auprès de Pharaon. Et là il donne déjà tous les détails sur les brebis et les bœufs ainsi que les biens en leur possession. Il est prêt d'influencer la décision du roi car il fait aussi mention du pays de Goshen. On s'attend ici à la réaction de Pharaon tel que nous le lisons aux v.3, 5 et 6. Joseph est présenté comme un grand stratège. Là où il pose un problème, il semble détenir la solution. Ainsi, la question posée par le roi (v.3) avait déjà été imaginée par Joseph (cf. 46,34a). De même pour la réponse des frères en 3b, est déjà donnée en 46,34b. En fait, Jacob et sa descendance avaient pris possession, sous l'instigation de Joseph, du pays de Goshen. Ainsi, leur plaidoirie auprès du roi ne semble avoir aucun effet sur la décision de s'y installer. Les frères parlent de leur métier de pasteurs de troupeau en mettant un accent particulier sur l'origine ancestrale de cette tâche[64].

---

[62] Cette réaction renvoie à Siméon qui a salué le Messie d'Israël au Temple et qui s'était réjoui du salut. Il a dit : « *Maintenant que mes yeux ont vu ton salut, laisse ton serviteur s'en aller (mourir) en paix* » (cf. Luc 2,25-32).

[63] Il est curieux de constater que les choses se soient passées comme l'avait envisagé Joseph (cf. v.34). S'agit-il d'une annonce prophétique ou d'une simple coïncidence ? En tout cas, Joseph est présenté comme un visionnaire.

[64] Les bergers n'avaient pas une bonne cote auprès des Egyptiens. Raison pour laquelle Jacob et ses

47.1. La famine en Egypte

Il est aussi fait mention de la famine qui sévissait en Canaan, comme si le roi ne le savait pas (cf. v.4). La famine et le manque de pâturages pour les bêtes sont donc présentés comme raisons essentielles de leur présence en Egypte. Pharaon n'a pas besoin de tant d'explications ; il responsabilise à nouveau Joseph n'ayant trouvé aucun inconvénient que Jacob et sa suite s'installent en Egypte où le visionnaire les avait précédés. Cette réponse du roi constitue une véritable interpellation de Joseph. C'est comme s'il lui disait ceci : « *Maintenant que ton père et toute sa descendance se sont déjà installés au pays de Goshen, que puis-je encore dire ? C'est toi Joseph qui devra t'en occuper car c'est une affaire de famille et non d'Etat* »
(cf. v.6c). Pharaon savait depuis le dernier voyage des frères de Joseph que toute la famille de Jacob séjournerait en Egypte. La demande de Joseph peut se comprendre dans ce cas comme une information sur la venue effective de son père (cf. 45,17ss). Maintenant que le roi est informé de manière officielle, et avec son aval, Joseph devra rassurer tout le monde. Mais il devra aussi trouver un bouvier parmi ses frères pour s'occuper des troupeaux du roi (v.6c)[65].

Dans la suite, on voit Joseph présenter son père au roi d'Egypte (v.7). Une véritable fierté pour lui. Jacob devra s'incliner, se prosterner devant le roi pour le saluer[66]. Et dans le but de faire connaissance, le roi l'invite à décliner son identité en lui demandant son âge. Mais Jacob va plus loin dans sa réponse : Il parle de sa propre vie d'errance qu'il ne peut comparer à celle de ses ancêtres, c'est-à-dire son père Isaac et son grand père Abraham. Car, signale-t-il, ses années auront été peu nombreuses et mauvaises (v.9)[67]. Par cette réponse, Jacob exprime son amertume face à toutes les situations de sa vie. Il s'est rendu compte que ses années s'évanouissaient déjà, que sa vie aura été courte. Avant de quitter le roi, il lui exprime le même respect qu'il lui avait témoigné au début de leur entretien en le bénissant (v.10).

47.2. Les dividendes de la famille de Jacob : Tous autour de Joseph

Malgré la famine qui sévissait dans le pays, Joseph peut rendre d'énormes services à la grande famille de son père, à laquelle il se sent encore attaché même s'il ne l'exprime pas ouvertement. Il ne semble pas préoccupé de la place qu'il avait auparavant au sein de la famille, mais fait tout ce qu'il peut pour répondre aux besoins urgents de son père et de sa postérité en temps de grande crise. C'est ainsi qu'il choisit de donner à la famille de son père les meilleures terres d'Egypte, dans la

---

descendants devront vivre en marge de la société, dans une région isolée. En évoquant ce métier, les fils de Jacob veulent honorer leurs ancêtres qui furent des pasteurs (bergers).

[65] Rien n'est dit dans la suite du récit à ce sujet. Joseph a-t-il trouvé la personne dont le roi avait tant besoin ?

[66] Le texte hébreu utilise ברך = Bénir. « *Jacob bénit le Pharaon* » peut se traduire (voir contexte) par : « *Jacob salua le Pharaon* ».

[67] Cette réponse fait allusion à la fois à sa vie de nomade, à la durée de vie d'Isaac (180 ans) et d'Abraham (175 ans), mais aussi aux différentes épreuves endurées chez son oncle Laban et vis-à-vis d'Esaü son frère.

région de Ramsès, c'est-à-dire en Goshen. Joseph pourvoit aux besoins des siens en vivres, en tenant compte du nombre de personnes (cf. v.11-12).
Le texte revient encore sur la description de la famine (v.13ss). Pressés par les circonstances, les Egyptiens apportent leur argent pour acheter ce qu'il en reste du blé gardé dans des réserves. Joseph joue pleinement son rôle d'économe, donc de chef. Il récolte l'argent pour renflouer la maison du trésor de Pharaon (v.14). Et les gens du peuple se retrouvent sans ressources. Joseph est confronté à cette dure réalité : le peuple n'a ni argent ni provision. Et la mort guette alentour (cf. v.15). Maintenant, c'est le troc qui va être appliqué : « *Si vous n'avez plus d'argent, donnez-moi votre bétail, et je vous fournirai de la nourriture en échange de vos troupeaux* » (v.16, Semeur).
Dès lors que l'on procède de la sorte, la nourriture est assurée, du moins pour une année. Les Egyptiens sont malheureusement amenés à se constituer finalement esclaves du roi. Quant à leurs terres, elles sont vendues à Pharaon par l'entremise de Joseph (v.18-21).
Le peuple est donc exproprié de ses terres. Les anciens propriétaires terriens sont ainsi obligés de cultiver des champs pour le compte du roi. Seuls les prêtres, en leur qualité de membres du clergé, ne seront pas astreints à cette exigence (v.22).

Joseph agit en bon père de famille. Même si le peuple est réduit à l'esclavage, l'homme fort d'Egypte fournit à tous des semences. Ses directives sur la gestion de celles-ci témoignent de son implication sans faille et de son souci de réussir son plan, pour ne pas trahir la confiance que le roi avait placée en lui. Jusque-là il a géré la crise avec beaucoup de compétence, de sagesse et d'habileté. Il ne veut nullement décevoir le Pharaon. Les Egyptiens se sont dépouillés de tout : leur argent, leurs gros et menu bétails, leurs terres. Ils ne peuvent qu'accepter l'évidence : Devenir esclaves de leur propre roi. Mais Joseph les rassure en leur accordant la possibilité de cultiver les terres et de ne remettre que le $1/5^{ème}$ de récolte au roi. Ils peuvent donc disposer des $4/5^{ème}$ pour survivre à la famine qui est toujours là (cf. v.23-26).
La dernière section (v.27-31) raconte les dernières volontés de Jacob. Les détails (répétitions) du v.27 sont une projection de la puissance des fils d'Israël en Egypte (cf. Exode 1,9ss). En tant que chef de clan, le Patriarche qui voit venir sa fin, prend toutes les dispositions utiles pour la survie de sa postérité. Il s'est rappelé les promesses divines et sait bien que Joseph a été l'objet d'un choix particulier du Tout-Puissant. Voilà pourquoi il invite son fils à lui jurer de ne pas l'enterrer en Egypte, mais en Canaan, auprès de ses pères Abraham et Isaac[68].
Ceci répond bien à la parole reçue de Dieu (46,3-4). En même temps, Jacob veut que son fils se rende bien compte du séjour provisoire en terre étrangère. On comprend dès lors pourquoi Joseph lui aussi a exigé que ses ossements soient amenés en

---

[68] Le serment fait par Joseph rappelle celui du serviteur d'Abraham (24,1-9). Le fait de placer sa main sous la cuisse de son maître, ce serviteur avait juré solennellement qu'il ne modifierait pas le contenu de sa mission, quelles que soient les circonstances. Ici également, Joseph devra honorer son engagement sans faillir en rien.

Canaan, la terre de la promesse (cf. 50,25).

L'insistance de Jacob laisse imaginer son inquiétude ne sachant comment les choses vont se passer après sa mort. Le Patriarche veut être enseveli dans le pays de la promesse et non ailleurs. Et comme Joseph vient de jurer sur la cuisse de son père, ce dernier rend grâces à Dieu en se prosternant, selon sa coutume et celle de ses pères[69].

Chapitre 48

FAIRE REVENIR JOSEPH DANS L'ALLIANCE DIVINE

Ici débute le récit de bénédiction des fils et petits-fils de Jacob, récit qui se prolonge jusqu'au chapitre 49 et une partie du chapitre 50. Le Patriarche veut ramener Joseph au sein de sa famille car il s'en était éloigné depuis son exil forcé en Egypte. Jacob accomplit ainsi son vœu le plus cher : Que l'ensemble de sa postérité soit gardé dans l'Alliance d'Abraham.

48.1. Au soir de sa vie, Jacob bénit ses petits-fils

« *On vint dire à Joseph…* » : La nouvelle rapportée à Joseph par une personne dont le nom n'est pas cité comporte deux notes intéressantes : - la maladie du père ; et le fait que Jacob ait pris avec lui ses deux petits-fils, Manassé et Ephraïm. Joseph n'attend pas ; il se précipite pour se rendre à Goshen vers son père mourant. Ce dernier rassemble ses dernières forces pour ne pas paraître trop affaibli et donc incapable de gérer la situation. Il ne veut pas rester couché de peur qu'on l'interdise d'accomplir des tâches délicates. En voyant son fils, il lui rappelle la promesse de Dieu ('El Shaddaï) lors de son séjour à Louz (Béthel), 28,11-22 ; 35,6. Cette promesse concerne la bénédiction accordée à toute la postérité du Patriarche. Elle rappelle celle faite à Abraham et renouvelée en Isaac (v.3-4 ; cf. 17,8 ; 26,24 et 46,3). En lui rappelant cet événement, Jacob tient à ramener et à maintenir Joseph et ses descendants au sein de l'Alliance. Voilà pourquoi il adopte Manassé et Ephraïm qu'il place au même pied d'égalité que Ruben et Siméon, ses premiers-nés (cf. 29,32-33). Jacob ne réclame que les aînés de Joseph, pas ceux qui sont nés après. Il tient à les aligner sur le droit d'héritage. Au cours de la conversation, Jacob rappelle à son fils le malheureux épisode de la mort de Rachel, aux portes d'Ephrata[70].

D'autre part, ne pouvant plus distinguer nettement les personnes autour de lui, Jacob pose la question de savoir qui sont les deux jeunes gens aux côtés de Joseph. En fait, le Patriarche avait les yeux troubles. Il ne pouvait plus se rendre compte que c'étaient les fils de Joseph nés au pays d'Egypte. Malgré cette cécité, il va quand même les

---

[69] Autre lecture : « *Appuyé sur le sommet de son bâton* », d'après l'ancienne version de la LXX qui a lu επί το ἄκρον τῆς ῥάβδου αὐτοῦ pour עַל-רֹאשׁ הַמַּטָּה à la place de עַל-רֹאשׁ הַמִּטָּה

[70] Cet épisode vient en surcharge rythmique dans le récit, et serait un commentaire du narrateur, une glose. Rachel étant morte à fleur de l'âge, les deux fils de Joseph remplaceraient-ils ceux que la défunte aurait pu avoir après la naissance de Benjamin ?

faire approcher pour qu'il les bénisse (v.10).
Vient ensuite l'épisode de la bénédiction de Manassé et Ephraïm. Elle est précédée par l'expression d'une grande satisfaction de Jacob d'avoir enfin retrouvé son fils bien-aimé qu'il croyait pourtant mort (v.11). Et cela il le doit à la miséricorde divine. Comme le commente Louis PIROT, « les paroles du Patriarche à son fils traduisent le sentiment de vive gratitude qu'il éprouve en ce moment envers Dieu, qui, après les nombreuses et pénibles vicissitudes de la vie, lui accorde, à la fin de son existence, le bonheur de revoir le fils préféré après l'avoir perdu à jamais, de voir même les enfants de celui-ci qu'il va bénir au nom de ce Dieu à la si grande bonté »[71].

On voit ensuite Joseph retirer ses fils des genoux de son père, simplement parce que ce dernier ne pouvait pas continuer à les porter plus longtemps suite à son état de santé dégringolant et à sa vieillesse. Mais Joseph se prosterne devant son père en signe de respect et de soumission. C'est aussi pour lui un geste de reconnaissance car lui aussi espère obtenir de son père la même bénédiction que ses fils.

48.2. Une bénédiction inversée

En conduisant ses fils devant son père, Joseph avait pris toutes les précautions d'usage pour que la bénédiction leur soit accordée en tenant compte de l'ordre naturel, celui de leur naissance. Il place Ephraïm (le cadet) dans sa main droite afin qu'il soit à gauche de Jacob, puis place Manassé (l'aîné) dans sa main gauche et le dispose ainsi à droite de son père. Curieusement, Jacob croise ses mains en bénissant ses petits enfants. Il commence par bénir le cadet avant l'aîné en posant sur sa tête sa main droite tandis qu'il bénit l'aîné de la gauche et après le cadet[72]. Le Patriarche semble ainsi être entrain d'accomplir le projet divin pour sa postérité. D'ailleurs, il agira de la même manière lorsqu'il bénira Joseph avant ses frères aînés (cf. v.15).
La réaction de Joseph ne se fait pas attendre. Il a bien observé la scène, et veut ramener son père à la raison en essayant d'inverser la situation. « Il redoutait, en effet, que les paroles une fois prononcées avec le geste désignant Ephraïm, même par erreur, n'aient toute leur efficacité au détriment de son aîné, qu'il entendait ne pas laisser frustrer de son droit d'aînesse »[73].

Le geste de Joseph de vouloir diriger autrement les mains de son père fait penser à la cécité de ce dernier. Le fils avait pensé que son père ne distinguait pas bien ses petits-fils, comme il avait les yeux troubles. Voilà pourquoi il tient à corriger « l'erreur » : « *Pas ainsi, mon père, car celui-ci est le premier-né, place donc ta main droite sur sa tête* » (v.18b). Mais la réponse du père est sans appel. Il pense avoir accomplit le

---

[71] L. PIROT, *op. cit.*, p. 490.
[72] Dans la Genèse, il est courant de constater que les cadets sont souvent bénis avant les aînés, ce qui parfois est source de plusieurs conflits. Ainsi, Isaac est préféré à Ismaël, Jacob à Esaü, Rachel à Léa, et ici Ephraïm à Manassé. Il y a lieu d'interpréter ce fait comme une impulsion divine. Dieu démontre par là que ses plans ne sont pas ceux des hommes (cf. Esaïe 55,8-9 et Ps 103,11-12).
[73] L. PIROT, *op. cit.*, p. 492.

dessein de Dieu pour ses petits fils : le cadet sera plus grand que l'aîné. Ainsi, Jacob ne semble avoir commis aucune erreur car ce qu'il fait est dicté par la volonté divine. L'essentiel demeure que chacun de ses petits-fils reçoit la part qui lui est due.

Après avoir prononcé les paroles de bénédiction sur ses petits-fils devenus cohéritiers avec ses propres fils, Israël s'adresse à Joseph en le bénissant également. Il invoque le nom de Dieu sur lui ('Elohim), v.20. En fait, c'est la même bénédiction qu'il invoque sur tous ses enfants. Pensant à sa mort prochaine, Israël les remet dans les mains d'Elohim. Puis il prononce une parole prophétique : « *Voici, je vais mourir. Dieu sera avec vous, et il vous ramènera au pays de vos aïeux* » (v.21).

Israël fait un geste de reconnaissance vis-à-vis de Joseph en lui donnant une portion (héritage) supérieure à celle de ses autres frères, probablement pour le remercier d'avoir sauvé l'ensemble de sa famille. Mais aussi pour compenser les années passées en Égypte loin des siens. Et la terre qu'il lui réserve est celle qu'il a conquise par les armes (v.22). Joseph peut donc se prévaloir d'être devenu le leader qu'il avait rêvé de devenir en réalisant ses songes d'autrefois. Même le père semble reconnaître en lui le dominateur, le chef du clan. Voilà pourquoi il est béni avant ses frères aînés.

Chapitre 49

JACOB BÉNIT SES FILS

Les bénédictions de Jacob s'étendent sur chacun de ses fils en particulier. Ceux qui auront agi avec probité seront récompensés par des paroles de bénédiction. Quant à ceux qui s'étaient rendus coupables de péchés, le père maudit leurs actions méchantes, mais les bénit malgré tout. Jacob rassemble ses dernières forces et va parler à chacun de ses fils. Les paroles du père s'appuient sur le passé et se prolongent dans le futur, prenant ainsi une résonance prophétique.

49.1. Les aînés

Israël bénit ses fils l'un après l'autre en respectant le droit d'aînesse[74]. Il leur annonce « *ce qui arrivera dans la suite des jours* »[75]. Et chacun reçoit sa part.

- Ruben est déchu de sa dignité de fils aîné. Il est sanctionné pour avoir couché avec la concubine de son père (cf. 35,22), ce que plus tard la loi lévitique condamnera en ces termes : « *Si un homme couche avec la femme de son père, et découvre ainsi la nudité de son père, cet homme et cette femme seront punis de mort : leur sang retombera sur eux* » (Lv 20,11).

A travers l'histoire mouvementée d'Israël, on ne voit pas les descendants de Ruben

---

[74] Joseph a reçu sa part de bénédiction avant tous ses frères en raison du rôle de leader qui lui revient de fait. Ainsi, ses songes auront été réalisés en grande partie. Mais ici il sera béni de nouveau car Jacob tient à l'unité familiale, même après sa mort.

[75] L'expression « dans la suite des temps / jours », B^e'$aḥrîm\ hayyamîm$, annonce des temps messianiques, prophétiques, eschatologiques. cf. Mi 4,1.

jouer un rôle de premier plan. La Bible ne mentionne aucun juge ni prophète issu de cette tribu. Les paroles de malédiction prononcées sur le fils aîné ont donc eu leur effet sur ses descendants.

- Siméon et Lévi sont condamnés à une certaine errance suite à leur violence à Sichem. On s'en souviendra, les deux frères avaient massacré les hommes de Sichem en représailles au viol de leur sœur Dina (cf. 34,25-30). Les deux frères ne bénéficient d'aucun héritage terrien. Siméon a même été « englouti » par Juda, et en Dt 33 son nom n'est pas cité lorsque Moïse a béni les tribus des enfants d'Israël (voir aussi Jos 19,1-9). Quant à Lévi, même si sa tribu a obtenu la faveur du Dieu d'Israël pour devenir des prêtres (cf. sacrificature d'Aaron), il n'a pas non plus eu d'héritage terrien au milieu de ses frères.
Les descendants de Lévi ont été dispersés à travers le pays, vivant d'ailleurs de l'hospitalité des autres Israélites (cf. Dt 12,12 ; 18,19)[76].
Cependant, le choix de cette tribu par YHWH pour l'exercice du sacerdoce fait de ses descendants des mis à part, et donc des gens qui ont bénéficié d'une grande notoriété au milieu de leurs frères (cf. Dt 33,8-11).

- Juda (v.8-11) : Il reçoit les éloges de son père et récupère ainsi le droit d'aînesse dont étaient déchus Ruben, Lévi et Siméon. « C'est lui, le quatrième fils, qui héritera le droit d'aînesse : aussi sera-t-il la première tribu d'Israël, v.8, un peuple puissant et victorieux, v.9, celui qui verra l'avènement du dominateur des peuples, v.10, et qui enfin sera comblé des dons de la nature, v.11-12 »[77].

La bénédiction de Juda a conduit les exégètes chrétiens à une lecture conduisant vers le Messie. D'abord, parce que Juda est celui qui recevra les honneurs (les louanges) de ses frères[78] ; il sera toujours vainqueur face à tous ceux qui chercheraient à le combattre. L'image d'un lion (אַרְיֵה, 'aryéh = un jeune lion) lui est appliquée comme pour dire que, de même que le lion est craint de tous les animaux – il est à juste titre le roi des animaux - de même le dominateur en question inspirera la terreur à tous ses ennemis (v.9). Commentant cette assertion, L. PIROT dit : « L'image du lion, le roi des animaux et le symbole de la force et du fier courage, exprime bien l'admiration de l'auteur pour la vaillance et les succès de son héros. Tel un lionceau qui sort de sa tanière pour aller déchirer sa proie et y retourne pour s'y accroupir dans une triomphante sécurité, qui oserait s'attaquer à lui ? Il est aussi redoutable que le lion ou la lionne, plus dangereuse quand elle a ses petits. Après les combats victorieux de

---

[76] Il est intéressant de constater que les lévites, à cause de leur situation de précarité (pas de territoire à cultiver), sont souvent cités au même titre que la veuve et l'orphelin : cf. Dt 12,12.18-19 ; 14,27.29 ; 16,11.14 et 26,11-13). Pour plus de détails, voir L. PIROT & A. CLAMER, op. cit., p. 496-497.

[77] L. PIROT & A. CLAMER, op.cit, p. 498

[78] Notons le jeu des mots : יוֹדוּךָ (yôdoukha), « te loueront » (louer, célébrer) יִשְׁתַּחֲווּ (yishtahawou), « se prosterneront » (se prosterner, s'incliner). Ces termes sont utilisés pour parler en fait de la domination de Juda sur ses frères. Ceci a une portée prophétique quant au rôle du Messie, descendant de David, qui porte le titre de « Dominateur ».

la plaine, Juda, fort de son triomphe, retourne dans son territoire montagneux, en pleine sécurité, à l'abri de toute incursion ennemie »[79]. Au v.10, il est question de royauté. Juda est pressenti comme un roi ou un prince universel.
Les termes « *sceptre* » (שֵׁבֶט, *shéb*ʰ*èṯ*) et « *bâton* » (de commandement) (מְחֹקֵק, *m*ᵉ*ḥoqéq*) jouent un grand rôle dans ce récit car ils symbolisent le pouvoir royal.
Notons qu'à travers l'histoire d'Israël Juda a effectivement joué un rôle de premier plan qui fait de lui le leader de ses frères. D'ailleurs, le mot hébreu *yehoudîm*, les « Juifs », veut dire simplement « les descendants de Juda », comme pour marquer la prééminence du quatrième fils de Jacob. D'ailleurs, selon son étymologie, « Juda » signifie : « Je rendrai gloire à Dieu (Adonaï) », cf. Gn 29,35). Et en 49,8, les frères loueront Juda. Une lecture chrétienne de ce récit conduit à Jésus de Nazareth dont la domination a une portée universelle[80].

Quant au terme שִׁילֹה « *Shîloh* », il a été traduit tantôt comme « Dominateur » « Pacificateur / Pacifique », (synonyme de מוֹשֵׁל, *Môshél*), tantôt comme l'envoyé (synonyme de *Shalîaḥ*). Mais plus encore, en remplaçant שִׁילֹה par לו אשר (cf. Ez 21,32, supra), on obtient « *celui à qui appartient* » (le gouvernement) : Allusion au sceptre et au bâton de commandement. C'est ce dernier sens que nous retenons dans le cadre de notre exégèse de ce passage, tout en gardant aux synonymes toute leur portée.
Le v.11 fait allusion à la richesse matérielle (agricole) dans laquelle baignera Juda : sa vigne produira tellement de raisins qu'il pourra même laver son vêtement dans le « vin » et « *nettoyer son manteau dans le jus de raisin* » (v.12). Il ne s'agit pas d'un gâchis.
Comme le souligne si bien Philip Eveson : « L'insistance sur une lignée familiale particulière et une postérité royale (un thème qui parcourt toute la Genèse) trouve son aboutissement dans la personne du Roi à venir. La promesse que Dieu a faite en Eden à propos de la postérité de la femme, passe par Juda et Joseph comme on aurait pu le penser. Ce Roi annoncé vaincra l'ennemi de Dieu et des êtres humains, détruira ses œuvres mauvaises et sera le moyen de bénédiction pour toutes les familles de la terre, conformément à la promesse faite à Abraham »[81].
Ceci dit, la bénédiction de Juda fait de lui l'héritier de la promesse et de la venue du Roi-Sauveur que les prophètes de l'Ancien Testament ne cesseront d'annoncer. Ce Roi sera le Dominateur (*Moshel*, voir Mi 5,1), le Restaurateur des brèches (Ezéchiel …), le Prince de paix (שַׂר שָׁלוֹם, *Sar shalôm*, Esaïe 9,5)

---

[79] L. PIROT & A. CLAMER, *op. cit.*, p. 498. Le prophète Michée utilise le terme « Moshel » pour désigner le Messie (5,1), descendant de Juda, dont les origines remontent aux jours d'autrefois. Ezéchiel 21,32 parle de « celui à qui appartient le gouvernement » (לו אשר, *'ashèr lô*).

[80] C'est à peu près dans ce sens que l'on peut lire la prophétie de Nathan en 2 S 7. Dieu fait la promesse à David (descendant de Juda) en ces termes : « … *J'établirai après toi l'un de tes propre descendants pour te succéder comme roi, et j'affermirai son autorité royale (…) et je maintiendrai à toujours son trône royal* » (v. 12b-13). Allusion à Salomon, mais plus encore au descendant de David dont le trône est affermi à jamais, le Messie Jésus.

[81] Ph. EVESON, *op.cit*, p. 486.

- Zabulon (v.13) : Il est béni avant son aîné Issachar. Ceci ne devrait pas surprendre dans la mesure où Jacob avait déjà procédé de cette manière dans le cas des fils de Joseph, Ephraïm et Manassé (cf. 48,17-20).
Le territoire qu'occupera Zabulon se situe au bord de la Méditerranée, s'étendant vers la Phénicie dont l'une des grandes cités, Sidon, est mentionnée. Cette situation géographique privilégiée a dû faire de Zabulon une tribu riche[82].
Jacob a donc envisagé un territoire où le sixième fils de Léa devait vivre heureux grâce au trafic maritime (Zabulon = Habitant, demeure)

- **Issachar :** Le territoire auquel Jacob fait allusion est celui de la vallée de Jizréel ou d'Esdrelon. C'est l'une des régions de Canaan où l'irrigation se faisait aisément, devenant ainsi l'une des plus fertiles du pays. Jacob compare son fils à un âne vigoureux, car en Orient cet animal était apprécié « pour sa force de résistance aux attaques de l'ennemi »[83]. Ainsi, « à travers la plaine d'Esdrelon passait une importante voie de trafic entre la Phénicie et les régions du Sud. Issachar en assure = *'îš šâkar*, 'homme de salaire, mercenaire', comme dans Genèse XXX, 18, où est donnée l'étymologie du nom »[84]. Et comme le signale le v.15b, Issachar est devenu corvéable en portant des fardeaux.
- **Dan (cf. Gn 30,6):** Il reçoit la responsabilité de juger frères comme l'indique l'étymologie de son nom. Il inspirera la crainte comme une vipère (*šᵉ phîphôn*) qui se place en embuscade pour surprendre[85]. C'est l'image employée ici du cheval mordu au talon en sorte que son cavalier tombe à la renverse. Dan est l'une des tribus les moins considérées, car elle a été associée à certaines villes de Juda, d'Ephraïm (cf. Jos 19,41-46). Si on lie le sort de Dan à la suite (cf. v.18), cette tribu issue de Bilha la servante de Rachel, a pu subsister grâce au salut de YHWH. D'où la prière « j'espère en ton salut, YHWH » qui constitue une note d'espérance pour tous les rejetés.
- **Gad (v.19):** Jacob s'intéresse à la vaillance de son fils dont il situe le territoire au-delà du Jourdain. Cette bénédiction fait allusion aux différentes incursions des peuples hostiles à Gad, tels que les Madianites, les Ammonites et les Arabes du désert [86].
- **Aser (v.20) :** Sa bénédiction correspond à l'étymologie de son nom : Aser = Bonheur (Ps 1,1 : *'asrey ha îsh* ... = heureux l'homme ... bienheureux l'homme ..., cf. maccarisme en Mt 5 (Béatitudes), synonyme de Gad d'après 30,10-12. Fils de

---

[82] Il est normal que le peuple de la mer développe des activités dans le cadre du commerce maritime. Ainsi, en Dt 33,19, Zabulon et Issachar sont bénis en ces termes : « *Ils convieront des peuples au haut de leur montagne ; là ils immoleront des sacrifices conformément aux règles, par mer, ils draineront d'abondantes richesses et ils recueilleront les trésors enfouis dans le sable des plages* » (Le Semeur).
[83] L. PIROT & A. CLAMER, *op. cit.*, p. 501.
[84] *Ibidem*, p. Note : Plaine d'Esdrelon = Plaine de Jizréel.
[85] La LXX utilise 'ενκαθήμενος = « assis » → « placé en embuscade » comme pouvait le faire le céraste, cette petite vipère qui s'attaque à toutes sortes d'animaux. Cf. L. PIROT & A. CLAMER, *op. cit.*, p. 501.
[86] L'on comprend le jeu de mots de ce verset : Gad = le nom est associé à l'hostilité des voisins, alors qu'en 30,11 il signifie « bonheur ». *Gᵉdûd* = brigand (allusion aux gens hostiles à Gad) ; *yᵉgûdennû* (racine ygd) : ceux qui le pressent et que Gad presse à son tour (*yagudh*) sur les talons (leurs talons = *âgêban*), cf. A. CLAMER & L. PIROT, *op.cit.*, p. 502.

Zilpa la servante de Léa, Aser a occupé le territoire s'étendant du Mon Carmel vers la Phénicie. C'est donc un peuple de la mer vivant des produits maritimes qui arrivent même à la table des rois.

- **Nephtali (v.**21) : Cette tribu a occupé le territoire allant du lac de Kinnereth (Génésareth, plus tard Tibériade) vers le Liban. Etant donné la fertilité de cette région, Nephtali a reçu un territoire béni (cf. Dt 33,23)[87].

49.2. Joseph et Benjamin

- **Joseph (v.**22-26) : Même si Jacob avait déjà béni Joseph (seul ou au travers de Manassé et d'Ephraïm), il tient à le bénir cette fois-ci avec les autres fils. C'est probablement pour lui une manière de le replacer dans le contexte familial afin d'en maintenir l'unité. Une autre façon de désigner Joseph selon l'étymologie de son nom, à savoir « *celui à qui on ajoute* » (racine יסף : ajouter).
Si l'on traduit le v. 22 par « *rejeton d'une vigne féconde près d'une source* » (ainsi que le proposent L. Pirot et A. Clamer), il y est question alors de la prospérité d'Ephraïm et de Manassé, car ils sont mis ensemble avec leurs oncles, les descendants directs de Jacob. De même, le sens de בנות, (*banôth*, « filles », que l'on traduit par « ses branches » selon le contexte, concerne les descendants de Joseph.
D'autre part, en remplaçant פרת בין, « rejeton » (*d'une vigne féconde* par פרה בין « *fils d'une vache* » (*taureau*, cf. la TOB), on obtient qu'Ephraïm est comparé à un taureau (signe de puissance), cf. Os 4,16, où il est désigné comme une génisse. D'ailleurs, dans la bénédiction de Moïse, Joseph est appelé « un taureau » (cf. Dt 33,17).
Nous savons que la demi-tribu d'Ephraïm s'était étendue au-delà du territoire qui lui était assigné. D'où le sens de « vigne féconde » et/ou « taureau » pour marquer cette influence. Il est donc question d'une descendance puissante et invincible. C'est aussi dans ce sens que va le verset suivant qui décrit l'inutilité pour les archers de combattre la postérité de Joseph, car celle-ci triomphera d'eux. En fait, la prospérité d'Ephraïm incitera plus de haine de la part des voisins, mais ces derniers ne pourront rien car ils auront affaire à une puissante armée. Il est même précisé (v.24-25) que grâce à Dieu les descendants de Jacob mettront leurs ennemis en déroute[88]. C'est par le nom de ce Dieu qu'est béni Joseph (entendez : sa descendance), cf. Dt 33,13[89]. Enfin, Jacob bénit son fils par son propre nom. Pour lui, cette bénédiction surpasse celle des montagnes antiques.

---

[87] Lectures possibles du verset 21 : « *Nephtali est une biche rapide, élancée, qui profère d'aimables paroles* ». TM : אִמְרֵי, *'im^eré* « paroles » à la place de אִמְּרֵי, *imm^eré* : « Faons » ; LXX : « Nephtali est un tronc qui pousse ses branches. La LXX a donc lu *'éylâh* : « un térébinthe »

[88] Voir les expressions théologiques dans ces versets : « Puissant de Jacob » (אֲבִיר יַעֲקֹב) ; « Le Rocher d'Israël » (אֶבֶן יִשְׂרָאֵל) ; « le Héros » (שַׁדַּי) ; le Pasteur (רֹעֶה) ; du Dieu de ton père (מֵאֵל אָבִיךָ), allusion au Dieu de l'Alliance, Dieu d'Abraham, d'Isaac et de Jacob) ; le Dieu Tout-puissant (שַׁדַּי אֵל).

[89] La tribu de Joseph a occupé de vastes étendues allant de Jéricho à Béthel jusqu'aux régions des plaines d'ouest et du nord, chassant des tribus cananéennes qui y habitaient (cf. Jos 24 ; Dt 11,29ss).

- **Benjamin (v.27)** : Il est comparé à un loup qui déchire sa proie le matin, la consomme et garde une part suffisante pour le soir. Cette image correspond aux exploits guerriers des descendants du fils cadet de Jacob comme nous pouvons le lire à dans des livres historiques (Cf. 1 Rois 9,1-2 ; 2 R 1,24, voir aussi Judith 3,15.30 ; Jud 19-20)[90].

49.3. Mort de Jacob : Deuil et ensevelissement (49,29 – 50, 14)

Au v.28, l'auteur résume en quelques mots le récit des bénédictions, donnant une précision intéressante concernant les « Douze tribus d'Israël ». Cette expression sera désormais utilisée pour désigner les fils de Jacob. Chacun a reçu sa part de bénédiction, et ce, dans l'ordre de naissance : d'abord les six fils de Léa, ensuite les quatre nés des servantes des deux sœurs rivales ; enfin, les deux fils de Rachel. Notons cependant combien Jacob avait tenu à l'équilibre en bénissant Juda (fils de Léa) et Joseph (fils de Rachel) d'une manière particulière. Comme nous pouvons le lire dans la note de la Bible du Semeur (éd. 2007), « les bénédictions concernant Juda (v.8-12) et Joseph (v.22-26) sont les plus longues et porteuses des plus grandes promesses : Juda (fils de Léa) reçoit le commandement et la prééminence sur ses frères. Joseph (fils de Rachel), l'assurance de la vigueur, de l'abondance et du secours du Puissant de Jacob »[91].

Dès le v.29, il est question de la mort du Patriarche. Tout est fin prêt. L'heure de la mort approchant, Jacob répète à ses fils les instructions relatives à son lieu d'ensevelissement. Une manière de vérifier que son souci est aussi partagé par ses fils, et qu'ils avaient bien compris son message[92]. Rien ne doit être laissé au hasard. Jacob meurt paisiblement. Il est dit simplement qu'après avoir donné ses dernières instructions aux siens, il retira ses pieds dans son lit et expira. Cette mort paisible ressemble à un sommeil[93]. Pourtant, le vide causé par cette disparition sera ressenti par l'ensemble de la grande famille que Jacob laisse orpheline de père, de grand-père,

---

[90] **Note** : Le livre de Judith fait partie des Deutérocanoniques ou Deuxième Canon (chez les Catholiques), tandis que les Protestants le classent parmi les Apocryphes.

[91] Note de section, Gn 49,1-28.

[92] Il a été question du champ acheté par Abraham d'auprès des fils de Heth (cf. chap. 23). Ce champ semble la seule propriété du Patriarche en terre cananéenne. Mais grâce à cette acquisition (pour 400 pièces d'argent), les descendants d'Abraham pouvaient y résider et y ensevelir leurs morts. Le lieu est donc lié aux promesses de terres faites par le Seigneur Dieu à Abraham. Sara fut la première à y être enterrée, suivie d'Abraham, d'Isaac, de Rebecca et de Léa (sauf Rachel qui fut ensevelie aux portes de Bethléhem (circonstances spéciales, cf. 35,16-20). Cela dit, c'était naturellement un privilège pour Jacob d'être enseveli en Canaan. D'où cette précision importante : « *Enterrez-moi avec mes pères, dans la caverne qui est au champ d'Ephron, le Héthien, dans la caverne du champ de Macpéla, vis-à-vis de Mamré, dans le pays de Canaan. C'est le champ qu'Abraham a acheté d'Ephron, le Hétien, comme propriété sépulcrale. Là on a enterré Abraham et Sara, sa femme ; là on a enterré Isaac et Rebecca sa femme ; et là j'ai enterré Léa. Le champ et la caverne qui s'y trouve ont été achetés des fils de Heth* » (49,29b-32).

[93] A. CHOURAQUI nous donne le sens du verbe utilisé pour parler de cette mort paisible (voir note v.33), « agonise » : Le texte ne dit pas que Ia'aco<u>b</u> est mort, son amour pour IHVH et des hommes fait qu'il continue à vivre au-delà de son ensevelissement. Le même terme a été utilisé pour parler d'Abraham, d'Iṣ'ḥac et d'Ishma'el (25,8 ; 17 ; 35,29), A. CHOURAQUI, *Entête*, p.524.

de beau-père, bref du garant de l'unité familiale.

Chapitre 50

LA FRATERNITÉ RECONSTITUÉE

Les versets 1-14 racontent la suite des événements allant du deuil à l'ensevelissement du Patriarche, dans l'ordre ci-après :
- v. 1-3 : L'émotion (pleurs) de Joseph, et la période de deuil en Egypte.
- v. 4-13 : Demande d'autorisation auprès de Pharaon et départ au pays de Canaan de Joseph et ses frères, suivie du deuil en Canaan.
- v. 14 : Retour en Egypte.

Unité I : Le récit fait mention de l'émotion de Joseph. Rien n'est dit de l'attitude des autres frères, comme s'ils n'avaient pas pleuré. Ceci peut se comprendre par le fait que Joseph demeure le personnage principal de cette saga familiale. Son émotion témoigne de son attachement au père et constitue une réminiscence des temps où il était l'enfant gâté. Mais Joseph ne s'arrête pas là ; il ordonne aux médecins à son service d'embaumer le corps de son père afin qu'il ne se gâte pas en chemin lors de son transfert en Canaan où il doit être enseveli. La pratique consistant à embaumer le corps et à le momifier était courante en Egypte. Généralement, cela visait à rendre le corps incorruptible, étant donné que les Egyptiens croyaient fermement à la survie de l'âme et à la résurrection[94].

Le travail d'embaumer le cadavre était confié à des médecins spécialisés. Dans le cas de Jacob, la durée est de quarante jours, auxquels s'ajoutent trente autres. D'où les soixante-dix jours nécessaires à la fois pour l'embaumement et le deuil.

50.1. Retour en Canaan

Unité II : Après le temps de deuil en Egypte, Joseph, qui a encore les dernières volontés du père en lui, demande l'autorisation de se rendre en Canaan ensevelir son père. En tant qu'un homme respectueux des institutions, il se plie aux règles protocolaires. Il s'adresse au roi par personnes interposées, ses serviteurs, c'est-à-dire des gens de la cour.

Cette procédure surprend quelque peu étant donné la personnalité de Joseph et son influence au pays de Pharaon. Il est possible qu'il ait pensé à la crédibilité de ces

---

[94] La Bible ne parle de cette pratique que dans ce chapitre de la Genèse : Jacob (v.3) et Joseph (v.26). Les détails sont donnés par le grand historien Hérodote : « Ils évidaient le cerveau par l'orifice nasal, puis sortaient les entrailles avant de remplir le corps de baume ou de le faire tremper pendant soixante-dix jours dans un bain. Ils l'enveloppaient enfin de bandelettes et mettaient la momie dans son sarcophage », Hérodote, *Histoire* L. II,85, cité par A. CHOURAQUI, *Entête*, p. 525.
À noter également que les Egyptiens réservaient un tel traitement aux personnes fortunées ou élevées en dignité. Ce qui se comprend aisément dans le cas du père de Joseph. Il semble même que les pleureurs et pleureuses recevaient un salaire pour ainsi prolonger le temps de deuil (soixante-dix jours), cf. Diodore de Sicile, I,21, cité par L. PIROT & A. CLAMER, *op.cit.*, p. 508.

gens, de sorte que Pharaon fasse entière confiance que Joseph et la maison de son père ne puissent rester en Canaan. Ce serait aussi sur ordre du roi (ou de sa cour) que femmes et enfants restent en Egypte. Joseph avait pourtant précisé qu'il tenait à honorer le serment que lui a fait faire son père, et avait même ajouté à sa requête : « Je reviendrai ». Ceci pouvait bien rassurer Pharaon. Voilà pourquoi il ne s'oppose pas mais plutôt accède à cette demande. Le roi lui répète ce qu'il vient d'affirmer : « *Monte, enterre ton père, comme il t'en a fait prêter le serment* » (v.7).

Le départ pour Canaan : Une forte délégation d'officiels égyptiens accompagne Joseph. Ceci n'a rien de surprenant vu le rang qu'occupe ce dernier. En même temps, il y a lieu de penser à cet homme qui a organisé les choses lors des sept années de famine. Joseph a donc été adopté par l'ensemble des Egyptiens, spécialement par les fonctionnaires et les officiels. Mais avec eux, on compte la maison de Joseph, ses frères et la maison de son père. Il y est aussi question de chars et de cavaliers, ce qui témoigne de l'importance du personnage.
Cette énumération a toute son importance ; elle souligne l'influence de Joseph et son rôle d'organisateur, donc de leader incontournable. C'est d'ailleurs cet aspect des choses que souligne le narrateur en donnant une liste des membres de la délégation sans pour autant dire un mot sur les autres frères, comme s'ils assistaient en observateurs.

Avant Canaan, halte à Gorès-ha-Atad : C'était probablement une étape incontournable avant l'entrée en Canaan. Le mot composé donne le sens d'un type d'arbre, le *atad* qui est « un arbrisseau vivace, dicotylédone et épineux pouvant former des haies (nerprum) »[95]. *Gorèn-ha-Atad* peut donc se traduire comme une étendue où pousse ce type d'arbustes. A cet endroit, la délégation funéraire s'arrête pour un deuil de sept jours, durée que prenait un deuil ordinaire en Israël (cf. Jg 14,17).
Mais la manière de faire le deuil est plutôt qualifiée par les habitants de Canaan de « deuil des Egyptiens » (v.11). D'où le nom « Eb^{h}el Mitsraïm ». Ce n'était qu'un lieu de transit.

L'entrée en Canaan : Il est simplement dit que les fils de Jacob ont enseveli leur père dans la caverne de Makpéla, avec la même précision concernant l'acquisition du champ par Abraham, en face de Mamré (v.13). Notons qu'il n'est pas ici question de Joseph, mais des fils de Jacob qui ont enseveli leur père. Joseph a plus d'affinité avec l'Egypte qu'avec Canaan, et on ne lui fait pas jouer le rôle dans un pays comme dans l'autre.
Mais lorsqu'il s'agit de retour en Egypte (v.14), c'est encore lui qui reprend le flambeau. Il est considéré comme le chef de délégation. Ce retour va dans le sens de la parole donnée (cf. v.5). Donc, parole donnée = parole tenue. Joseph va de nouveau rassurer son maître, le roi d'Egypte, qui a toujours compté sur ses nombreux services. Certains ont suggéré que Pharaon avait déjà imaginé comment il réduirait les fils

---
[95] Définition donnée par A. CHOURAQUI, *La Genèse (Entête)*, p. 527.

d'Israël à l'esclavage, car ceux-ci constituaient une main-d'œuvre servile et bon marché pour la construction des palais et des pyramides. Raison pour laquelle les femmes et les enfants ne pouvaient pas se déplacer pour aller en Canaan. Mais une telle interprétation ne tient pas compte de ce que dit le livre d'Exode qui parle plutôt d'un « *roi qui n'avait point connu Joseph* » (cf. Ex 1,8). C'est donc plusieurs générations plus tard qu'Israël était réduit à l'esclavage.

50.2. Joseph rassure ses frères

Après ce retour en Egypte, le narrateur ne dit plus grand-chose au sujet de Joseph, sinon qu'il nous ramène en arrière au cœur du vieux conflit familial en soulignant cette fois encore l'inquiétude des frères sur la façon dont ils pourraient être traités par Joseph après la mort du père, garant de l'unité familiale. Se rappelant leur comportement criminel envers Joseph, les frères envoient dire à celui-ci leur crainte, v.15. Ont-ils probablement pensé au premier traitement dont ils étaient l'objet en venant en Egypte ? Ont-ils pensé à la vengeance de Joseph qui pouvait bien profiter de l'absence du père pour les persécuter ? C'est de toute évidence ce qui transparaît à travers les raisons de leur crainte. En fait, ils évoquent deux raisons majeures de leurs inquiétudes, des raisons à la fois familiales et théologiques.

(1)   Raisons familiales : Ils rappellent à Joseph l'importance de maintenir l'unité, souci primordial du père défunt. Voilà pourquoi ils évoquent les paroles de ce dernier. Mais les frères savent qu'en parlant au nom de leur père, Joseph ne pourra qu'être tendre envers eux surtout que cela lui rappellerait l'attachement et le traitement de faveur dont il a bénéficié. Pourtant, on ne voit pas à quelle occasion le père aurait fait dire de telles paroles à Joseph. Pourquoi ne lui aurait-il pas parlé personnellement, alors qu'il en avait la possibilité. Jacob n'a pas pu mourir avec l'idée que Joseph n'aurait pas accordé le pardon à ses frères. Il aurait pu y faire allusion même au moment de la bénédiction (cf. ch. 49). Ceci ressemble donc à une simple expression d'une culpabilité qui ne les avait jamais quittés, donc une invention destinée à se faire pardonner une fois pour toutes.

(2)   Raisons théologiques : S'il arrivait que Joseph soit incapable de pardonner à ses frères malgré les raisons évoquées ci-dessus, peut-il résister dès qu'on lui parle du « *Dieu de ton père* », ce Dieu par qui il a reçu sa bénédiction ?
Les frères insistent et s'attendent au pardon définitif. Ils ont su utiliser la bonne expression pour faire fléchir Joseph. Pourtant Joseph ne voulait plus y revenir. Pour lui, c'est un dossier classé car il semble avoir accordé son pardon depuis longtemps, du vivant de leur père à tous. Voilà pourquoi il se met en sanglots en entendant de tels propos. C'est comme si personne n'avait vraiment cru à sa bonne foi. Il est même surpris qu'on lui rappelle son douloureux passé. Cette réaction conduira les frères à venir se prosterner devant Joseph, car jusque-là ils s'étaient adressés à lui par personnes interposées. Ils vont lui répéter qu'ils étaient ses serviteurs, un

comportement qui résume la pensée du narrateur : Démontrer que la réalisation des songes de Joseph est effective désormais.
Joseph rassure ses frères par des mots d'encouragement : « *N'ayez aucune crainte ; je n'ai aucune envie de me venger car c'est à Dieu que revient toute vengeance* » (cf. v.19). Il en profite pour donner son interprétation théologique de son exil « forcé » en Egypte. Cela doit se comprendre par rapport à la prescience de Dieu, qui transforme des situations douloureuses en abondantes bénédictions pour ceux qui sont objet de son choix particulier.

Le sens et la portée du récit est de montrer comment d'un grand mal peut surgir un grand bien, comment un crime conduit au repentir et au pardon et comment se réalisent malgré tous les obstacles, les plans immuables de Dieu. Ce n'est pas par une inadvertance que Joseph se trouve vendu en Egypte, c'est par la volonté délibérée de ses frères de s'opposer à la prophétie écrite dans ses songes. Mais c'est aussi par les fils de Jacob et par personne d'autre que doit s'accomplir ce qui a été dit à Abraham sur l'asservissement de ses descendants dans un pays étranger. C'est la descendance d'Abraham, d'Isaac et de Jacob qui sera réduite en esclavage, comme l'a été Joseph, mais comme lui elle sera libérée, comme lui elle sera glorifiée. L'idée fondamentale de toute l'Ecriture est la libération d'Israël, qui préfigure celle de l'homme[96].

Le projet de Dieu pour Joseph s'accomplit. Les agresseurs d'hier sont entrain de se faire esclaves de celui qu'ils avaient martyrisé. Vendu comme esclave, Joseph est devenu un haut dignitaire en Egypte. C'est l'ironie du sort. Les géants sont devenus des néants. Dieu a élevé Joseph selon son bon vouloir et rien ni personne n'était en mesure de contrer son projet pour lui. Mais au-delà de la confusion des frères, Joseph avait la mission divine de faire vivre un peuple nombreux[97].
Cette section met un terme au long suspense (épilogue). Joseph a pardonné à ses frères ; il les a rassurés et a pourvu à leur survie (v.19-21). Du début à la fin de cette saga familiale, on peut lire comment Dieu, en tant que Maître des circonstances et des temps, dirige l'histoire humaine. Il est celui qui transforme les situations et confond les adversaires de ceux qui se lèvent contre son Oint (Messie). Comme dans l'histoire de Tamar (ch. 38), Joseph le méprisé, est justifié. Cela dit, la jalousie des frères n'a pas pu contrer le plan de Dieu pour lui. En même temps, puisqu'il est aussi question de la miséricorde de Dieu, ce sont les frères et leurs familles respectives qui bénéficient des retombées de cette grâce. Leur survie est liée aux provisions que Joseph leur assure en temps de grande famine, comme la manne qui tombe du ciel.

---

[96] EMMANUEL, *Pour commenter la Genèse*, Paris, Payot, 1971, p. 308-309.
[97] Peuple nombreux : Allusion aux frères de Joseph ainsi qu'à leurs familles respectives qui ont bénéficié de ses services. Notons que le but de leur migration était spécifiquement la recherche de nourriture : « *Afin que nous vivions et que nous ne mourions pas* » (cf. 42,2 ; 43,8). Ceci est déjà un pas vers la réalisation de la promesse de Dieu à Abraham (cf. 12,2-3). Joseph devient une source de bénédiction pour toutes les familles de la terre.

50.3. Derniers événements

Comme ce fut le cas de Jacob, Joseph prépare ses frères à organiser ses funérailles. Le rapprochement entre les frères est bien une réalité, seulement il ne leur est plus possible de vivre leur fratrie sous un même toit ni dans un même lieu. Joseph habite dans son palais, alors que ses frères et leurs familles sont à Goshen où ils s'occupent de leurs troupeaux de gros et petit bétail. Mais malgré cette distance géographique qui d'ailleurs, est une situation de fait, le dialogue a été renforcé grâce au pardon de Joseph et à l'abaissement des frères.

Le récit raconte les jours heureux du Patriarche. Dieu l'a élevé et béni, au point qu'il a eu l'occasion d'embrasser ses enfants, petits-enfants et arrières petits-enfants (v. 22-23). Agé de cent –dix ans, Joseph donne des ordres à ses frères sur ses obsèques. Il procède de la même manière que son père en rappelant avant tout la promesse irrévocable de Dieu à Abraham, Isaac et Jacob[98].
Malgré son long séjour en Egypte, Joseph est resté attaché aux promesses de Dieu aux pères. Il le rappelle à ses frères afin qu'eux aussi ne s'y soustraient pas. Les frères devront prêter serment qu'ils emporteraient ses ossements au pays de la promesse, Canaan. C'est donc pour dire que les héritiers de la promesse divine resteront unis même au-delà d'outre tombe.
Le v.26 raconte les derniers moments de la vie de Joseph. Il meurt, rassasié des jours et des bénédictions du Dieu de ses pères. Son corps est embaumé comme cela se faisait pour des personnages de son rang. Une longue période s'écoulera pour voir ses ossements ramenés en Canaan (cf. Ex 13,19ss).

---

[98] Joseph rassure ses frères car sa mort risquerait de les dérouter : « *Dieu ne manquera pas d'intervenir en votre faveur et vous fera remonter de ce pays vers celui qu'il a promis par Serment à Abraham, à Isaac et à Jacob* » (v.24, Semeur). CHOURAQUI : « *Dieu vous sanctionnera* », cf. aussi 48,21.

Conclusion

Telle qu'elle est racontée, l'histoire met l'accent sur Jacob plutôt que sur Esaü. Vis-à-vis de l'Alliance d'Abraham, c'est Jacob qui y entre par la grande porte. Et son émouvant récit nous amène au cœur même de cette Alliance qui devra s'étendre à ses descendants. Là encore, le récit met Joseph en évidence. Ses frères vont expérimenter plus tard la miséricorde de Dieu. Même s'ils l'avaient vendu en Egypte, c'est là aussi qu'ils vont le retrouver 17 ans plus tard. C'est comme si seul Joseph était vraiment entré dans l'Alliance. Pourtant, quand Jacob amène ses fils et leur progéniture en Egypte à la rencontre de Joseph, il tient à tous les ramener sur la voie de l'Alliance. Et même lorsqu'il va les bénir l'un après l'autre, il insistera sur le rôle de premier plan que devra jouer Joseph. Et c'est ce qu'il tient à lui rappeler peu avant sa mort : « Voici, je vais mourir ! Mais Dieu sera avec vous, et il vous fera retourner dans le pays de vos pères. Je te donne, de plus qu'à tes frères, une part que j'ai prise de la main des Amoréens avec mon épée et avec mon arc » (48,21-22).

D'ailleurs, le premier fils de Rachel est béni plus d'une fois : Une première fois avec ses propres fils Ephraïm et Manassé, puis une seconde fois avec les autres fils du père. Il est aussi appelé à faire régner un climat de paix et d'unité de toute la famille. Ainsi, en 49,22 il est appelé « *le rejeton d'une vigne féconde près d'une source* ». Le terme « rejeton » est appliqué à Jésus de Nazareth, le Lion de la tribu de Juda qui seul, a pu ouvrir le Livre de vie et d'en briser les sept sceaux (Ap 5,5). Joseph est béni du nom du Dieu de son père, et sa bénédiction s'élève jusqu'aux sommets des montagnes.

D'autre part, devant la crainte de voir Joseph se venger du mauvais traitement qu'ils lui avaient fait subir, ses frères, inquiets suite au décès du père (le protecteur de l'unité familiale !), vont lui rappeler les paroles prononcées, de son vivant, le défunt (50,15ss) : « *Ils lui rappelèrent les paroles du père : 'Ton père a donné cet ordre avant de mourir : Vous parlerez ainsi à Joseph : Oh ! Pardonne le crime de tes frères et leur péché, car ils t'ont fait du mal ! Pardonne maintenant le péché des serviteurs du Dieu de ton père* » (50,16-17).

Joseph est présenté comme un véritable responsable, comme un type de Christ :

1. Il rassure : « Soyez sans crainte ! »
2. Il pardonne, non sans montrer la gravité du péché de ses frères.
3. Pour lui, tout est selon le dessein bienveillant de Dieu. Ainsi, il élève ce Dieu par cette déclaration : « *Vous avez médité de me faire du mal : Dieu l'a changé en bien, pour accomplir ce qui arrive aujourd'hui, pour sauver la vie à un peuple nombreux* » (50,20).
4. Il console les cœurs affligés (50,21).

Ses dernières paroles doivent être perçues comme un testament, dans un sens prophétique : « Dieu vous fera remonter de ce pays dans le pays qu'il a juré de donner à Abraham, à Isaac et à Jacob » (v.24b).

Un autre fils de Jacob avait également obtenu plus de bénédiction que ses frères. Il s'agit de Juda, lui dont le sceptre ne devait jamais s'éloigner jusqu'à l'avènement du Shilo (notez : *'asher-lô* = celui à qui appartient le pouvoir). Ces deux fils de Jacob sont un type de Christ, descendant de David, lequel est descendant de Juda.

Le livre s'achève par des promesses de visitation : « *Dieu vous visitera* », 50,24. C'est que la Genèse s'ouvre et se termine par une interpellation : Dieu est au commencement de l'histoire, et c'est lui qui conduit l'histoire et lui donne un sens. Il fait entrer les êtres de chair dans son Alliance, preuve de sa grande miséricorde. Le livre est certes jalonné des récits de conflits, sans oublier l'effort de les résoudre. Dieu n'a pas cessé d'interpeller l'homme sur la responsabilité qui lui a été léguée. La suite nous conduira d'Egypte en Canaan, le pays donné par Dieu à Abraham et à ses descendants. Mais pour y arriver, le peuple devra combattre. Telle est la perspective sur laquelle se termine le livre de la Genèse, l'ouverture du livre de l'Exode. Dieu demeure à jamais le Maître de l'histoire humaine. Il a tout créé pour que l'homme, image et ressemblance de son Dieu, puisse vivre heureux. Et c'est à une telle lecture que nous avons tenu à diriger nos lecteurs au travers de cette étude.

BIBLIOGRAPHIE

Textes

Ouvrages généraux

ALEXANDER, J.-H., *La Genèse : De l'univers et de la foi* (La Maison de la Bible), Paris, 1994.
AMSLER, S., *Le secret de nos origines : Etrange actualité de Genèse 1-11*, Aubonne, Ed. du Moulin, 1993.
BEAUCHAMP, P., *Création et séparation : Etudes exégétique du chapitre premier de la Genèse*, (Lectio Divina), Paris, Cerf, 2005.
BANON, D., *Le bruissement du texte. Notes sur les lectures hebdomadaires du Pentateuque*, Genève, Labor & Fides, 1993.
BERTHOUD, P. & WELLS, P., *Texte et historicité : Récit biblique et histoire*, Charols & Aix-en-Provence, Ed. Kerygma, 2006.
BOST, H., *Babel. Du texte au symbole*, Genève, Labor & Fides, 1985.
BRUEGGEMANN, W., *Genesis. Interpretation* – A Bible Commentary For Teaching And Preaching, Atlanta, John Knox Press, 1982.
BRYANT, H., *Au commencement...Dieu ?* (Comprendre les Écritures), Villeurbanne, Henry Bryant et Ed. CLE, 1996.
CALVEZ, H.-M., *Abraham*, Ed. du Paraclet, 2009.
CASTEL, Fr., *Commencements. Les 11 premiers chapitres de la* Genèse, Paris, Le Centurion, 1985.
CHARPENTIER, E., *Pour lire l'Ancien Testament*, Paris Cerf, 1983.
CHOURAQUI, A., *Entête (La Genèse)*, La Bible traduite et commentée, Ed. Jean-Claude Lattès, 1992.
CHOURAQUI, A., *Les hommes de la Bible*, Paris, Hachette, 1994.
Collectif, *Face à la création. La responsabilité de l'homme - Rencontre entre l'Est et l'Ouest* – (Une culture pour l'Europe), Paris, MAME Editions, 1996.
COLLIN, M., *Abraham* (Cahiers Évangile N° 56), Paris, Cerf, 2000.
COSTA, J., *La Bible racontée par le Midrash*, Paris, Bayard, 2004.
COUFFIGNAL, R., *La lutte avec l'ange : Récit de la Genèse et sa fortune littéraire*, Toulouse, Association des publications de l'université de Toulouse – Le Mirail, 1977.
COUTURIER, G., *Les Patriarches et l'histoire* (Lectio Divina), Paris – Québec, Cerf – Fides, 1998.
Chronology of The Book of Genesis, Texts From The King James Version, 1998.
CROSSLEY, G., *Survol de l'Ancien Testament, à la recherche de Christ et de son Eglise*, Vol. 1 : Genèse à Ruth, Europresse, 2004.
Da SILVA, A., *La symbolique des rêves et des vêtements dans l'histoire de Joseph et ses frères* (Héritage et Projet – 52), Québec, Fides, 1994.
DEFFINBOUGH, B. Th. M., *Genesis: From Paradise to Patriarchs* (Highlights in The History of Israel). Part I, Biblical Studies Press, 1997.
DE PURY, A., *Promesse divine et légende cultuelle dans le cycle de Jacob*, Tome 1, Paris, Gabalda, 1975.
De VAUX, R., *Histoire ancienne d'Israël : Des origines à l'installation en Canaan* (études bibliques), Paris, J. Gabalda et Cie, Editeurs, 1971.
DEYMIÉ, B, *Initiation à la Bible*, Paris, Ellipses Editions, 1999.
DUMMELOW, J.-R., *A Commentary on The Holy Bible*, New York, The Macmillan Company, 1966.
DUTHU, H., *Relisez la Genèse : Les origines du monde et de l'humanité*, Montsûrs, Résiac, 2002.

EMMANUEL, *Pour commenter la Genèse*, Paris, Payot, 1971.
EVESON, Ph., *La Genèse – Le livre des origines*, Europresse, 2007.
FEILER, B., *Abraham : Voyage aux sources de la foi*, Paris, Presses de la Renaissance, 2006.
GOUFFIGNAL, R., *La lutte avec l'ange. Le récit de la Genèse et sa fortune littéraire* (Bible et littérature), Publications de l'université de Toulouse – le Mirail, Série A, Tome 36, 1977.
GRUCHET, N., *La Bible. Histoire de l'Ancien et du Nouveau Testament* (avec les dessins de J. DORE), Paris, Ed. de la Fontaine au Roi, 1988.
HALTER, M., *SARAH : La Bible au féminin* (Roman), Paris, R. Laffont, 2003.
HAM, Ken ; SARFATI, J. et all, *Nos origines en question : La logique de la création*, AiG/CLV/CBE/Au commencement, Chantraine, 2004.
JACOB, E., *L'Ancien Testament*, PUF, 1967.
JANCOVICI, J.-M., *L'avenir climatique : Quel temps ferons-nous ?* Paris, Seuil, 2002.
JANZEN, J.-G., *Genesis 12-50. Abraham and All the Families of the Earth* (International Theological Commentary), Edinburgh, Wm. B. Eerdmans Publishing Co, 1993.
KUEN, A., *Le labyrinthe des origines*, Saint Légier, Emmaüs, 2005.
LEFEBVRE, J-F., *Un mémorial de la création et de la rédemption : Le jubilé biblique en Lv 25*, Bruxelles, Lumen Vitae, 2001.
Le Pentateuque, Cahiers Evangile N° 106, Paris, Cerf, 1998.
Le Pentateuque : Débats et recherches, sous la direction de P. HANDEBERT (Lectio Divina N° 151), Paris, Cerf, 1992.
LODS, A., *Israël. Des origines au milieu du VIIIè. siècle* (L'évolution de l'humanité. Synthèse collective dirigée par Henri BERR), Paris, Albin Michel, 1949.
MACCHI, J.-D. et RÖMER, Th. *JACOB - Commentaire à plusieurs voix de Gn 25 – 36*, Mélanges offerts à A. de Pury, (Le Monde de la Bible, 44), Genève, Labor & Fides, 2001.
MACKINTOSH, C.H., *Notes sur le livre de la Genèse*, Bienne (Suisse), Editions Bibles et littérature chrétienne, 2000.
MAHAN, H., *L'Ancien Testament parle de Christ : De la Genèse à Job*, Europresse, 1993.
MARCHADOUR, A., *Genèse* (Commentaires), Paris, Bayard, 1999.
Matthew Henry's Commentary on The Whole Bible, Completed and Unabridged in One Volume, Hendrickson Publishers, 1991.
PIROT, L. & CLAMER, A., *La Sainte Bible . Texte latin et traduction française d'après les textes originaux, avec un commentaire exégétique et théologique*, Paris, Letouzey et Ané, Ed., 1953.
RENDTORFF, R., *Introduction à l'Ancien Testament*, Paris, Cerf, 1989.
ROCHEDIEU, CH., *Les trésors de la Genèse (Commentaire pratique)*, Saint Légier, Emmaüs, 1987.
ROSE, M., *Une herméneutique de l'Ancien Testament*, Comprendre – Se comprendre – Faire comprendre (Le Monde de la Bible), Genève, Labor & Fides, 2003.
The Anchor Bible, Genesis: Introduction, Translation, And Notes, BY E.A.SPEISSER, 3d Edition, Doubleday & Company, Inc., 1979.
TORREY, R.A., *Ce que la Bible enseigne*, Deerfield (Floride), VIDA / AGMV, 2004.
TRINTIGNAC, A., *Une histoire sainte : Monter à Jérusalem*, Paris, Cerf, 1997.
VON RAD, G., *Genesis : A Commentary*, Translated by John H. MARKS, Second Edition revised, London, SCM Press, 1966.
WENIN, A., *Cours d'Exégèse de l'Ancien Testament* (inédit), FIBI 21, UCL, 2000-2001.
WENIN, A., *Actualité des mythes : Relire les récits mythiques de Genèse 1 – 11*, COFOC, Edition revue, 2003.
WENIN, A., *L'histoire de Joseph (Genèse 37 – 50)*, Cahier Evangile N° 130, 2004.
WENIN, A., *Studies in the Book of Genesis. Literature, Redaction and History*, Leuven, Leuven University, 2001.
WESTERMANN, C., *Genesis: A Practical Commentary*, Michigan, Wm B. Eerdmans Publishing,

1987.
WESTERMANN, C., *Théologie de l'Ancien Testament*, Genève, Labor & Fides, 1985.

WESTERMANN, C., *Dieu dans l'Ancien Testament*, Paris, Cerf, 1982.
WHITE, H.-C., *Narration and Discourse in the Book of Genesis*, Cambridge University Press, 1991.
WOOLY, L., *Abraham. Découvertes récentes sur les origines des Hébreux* (Traduit de l'Anglais par A. et H. COLLIN DELAVAUD), Paris, Payot, 1949.
ZIMMERLI, W., *Esquisse d'une Théologie de l'Ancien Testament*, Genève – Paris / Fides – Cerf, 1990.

POSTFACE

Cet avec une grande joie que j'ai lu ce livre et je remercie mon ami et collègue, le Docteur Pasteur Siméon MATENDO KUBULANA pour cet ouvrage si magnifique. Un livre accessible à tout le monde, néanmoins d'une grande valeur historique et scientifique.

Le livre du « commencement », avec la création de tout ce qui existe, le libre choix de pécher avec comme conséquence le devoir de quitter le jardin d'Eden, l'endroit privilégié d'être dans la présence de Dieu avec Sa protection. Maintenant l'être humain devra prendre soin de lui-même et gérer la création et le monde.

La construction de la tour « d'orgueil », érigée à Babel pour atteindre le ciel, la demeure de Dieu, avec comme résultat la dispersion, le début des langues et des races humaines. La démonstration que, dès que l'homme pense pouvoir faire quelque chose de par lui-même, son orgueil le pousse à l'extrême jusqu'a vouloir prendre la place de son Créateur, fait qui se répète continuellement dans notre monde contemporain.

L'histoire de l'homme dans tout son contexte, attributs, avec le contraste des choix de la vie, qui ne sont pas évidents et qui donnent la direction d'ensemble avec la destination finale. Le choix de la marche de par soi-même ou la marche main dans la main avec le Créateur.

L'acte de foi d'Abram qui quitte tout, parce que Dieu le lui demande, ainsi que toutes les promesses concrètes de Dieu envers toute l'humanité.

Ce livre nous conduit au cœur de toute l'histoire d'Abram avec ses moments forts et ses moments faibles. Abram qui aide Lot dans la situation de Sodome et Gomorrhe, mais qui par contre accepte de passer par sa servante pour aider Dieu dans Sa promesse, parce qu'il considérait que Celui-ci l'avait oublié. Phénomène que nous rencontrons souvent auprès des enfants de Dieu. S'il ne nous répond pas aujourd'hui sur notre demande d'hier ou s'il ne nous répond pas comme nous l'aurions voulu, alors nous en concluons qu'Il nous à oubliés. Situation qui pousse l'être humain à agir de par lui-même avec comme résultat de cette désobéissance et de manque de confiance, des conflits sans cesse jusqu'à ce jour.

Le Créateur qui se repose après la cessation de son œuvre et qui bénit ce jour du Shabbat, fait indéniable qui demeure important jusqu'au retour du Messie et donc pour nous tous. La mise à part du jour du Seigneur pour se reposer, Le bénir et être béni.

Quand l'homme choisit de ne pas écouter Dieu, alors il retombe dans la vie pécheresse avec comme résultat le premier meurtre sans même vraiment avoir une raison. Chers lecteurs, ceci est encore toujours vrai au jour d'aujourd'hui, un monde qui tue sans raison.

Le rôle de Noé en tant que modèle d'obéissance n'est pas négligeable dans la possibilité que Dieu offre à l'homme d'être sauvé ou non. Ce privilège subsistera jusqu'au retour du Seigneur et clôturera le temps de la grâce.

Le favoritisme de Jacob envers Joseph qui mène ce dernier d'un malheur à l'autre pour enfin se terminer par le chemin de l'esclavage en Egypte avec pour seul but de ramener l'unité dans la famille et sauver des peuples. Les principes pour nous de bien gérer nos familles, mais aussi la certitude que Dieu est au contrôle. Il n'est jamais dépassé par les événements.

La culpabilité des frères qui haïssaient Joseph jusqu'à le vendre aux marchands arabes est métamorphosée par Dieu. Il avait pris soin de Joseph mais en le faisant passer au travers des chemins difficiles dans le but de sauver la famille de son père en temps de grande crise. Le jeune Joseph, qui s'était souvent demandé pourquoi tout ceci devait lui arriver, peut calmer et réconforter ses frères par l'assurance personnelle que c'était son Dieu qui l'avait conduit en Egypte pour le salut de tous. Dieu veut et peut donner l'assurance de notre salut dans nos vies, malgré toutes les circonstances.

Cet émouvant récit met en évidence la prescience de Dieu dans toute l'histoire de Joseph car, malgré son jeune âge, c'est lui qui va sauver toute sa famille d'une mort certaine.

Mon collègue et ami a bien fait transpirer tous ces détails importants, détails qui composent les questions de la vie, la réalité des choses et qui font ressortir d'une manière spéciale que la Bible est un livre divin et que la Genèse, livre du « début » ou « du commencement » est la base pour toute l'humanité.

De tout cœur je remercie mon collègue pour ce livre, dont je recommande la lecture à tous et à toutes.

Pasteur Samuel VERHAEGHE
Président de l'Union des Baptistes en Belgique / UBB

Oui, je veux morebooks!

i want morebooks!

Buy your books fast and straightforward online - at one of world's fastest growing online book stores! Environmentally sound due to Print-on-Demand technologies.

Buy your books online at
www.get-morebooks.com

Achetez vos livres en ligne, vite et bien, sur l'une des librairies en ligne les plus performantes au monde!
En protégeant nos ressources et notre environnement grâce à l'impression à la demande.

La librairie en ligne pour acheter plus vite
www.morebooks.fr

VDM Verlagsservicegesellschaft mbH
Heinrich-Böcking-Str. 6-8   Telefon: +49 681 3720 174   info@vdm-vsg.de
D - 66121 Saarbrücken   Telefax: +49 681 3720 1749 www.vdm-vsg.de

www.ingramcontent.com/pod-product-compliance
Lightning Source LLC
Chambersburg PA
CBHW020808160426
43192CB00006B/489